黑馬

哈佛最推崇的人生計畫，
教你成就更好的自己

思維

陶德・羅斯 Todd Rose
奧吉・歐格斯 Ogi Ogas ———— 著　林力敏 ———— 譯

DARK HORSE

Achieving Success Through the Pursuit of Fulfillment

各界推薦．好評迴響

當我在看這本書的期間，剛好榮獲元智大學傑出校友獎。其他傑出校友都極為優秀，甚至有年營業額幾十億的。輪到我致詞分享時，我幽默地向在場每一位致歉說：「當大家都在賺錢的同時，我卻是一位一直在花錢的傑出校友。」引來一陣哄堂大笑！

每個人的價值如何衡量？如何定義黑馬呢？這本書說明了黑馬的決策思維。一開始就被本書所吸引，我挑燈夜戰，不捨放下書本，一口氣把它讀完！這近二十年來，我陪伴著一群不幸過著坎坷人生的孩子。剛來的孩子們常常問我：我這輩子會幸福嗎？我的答案是：會的！答案就在本書第一章所說的：「直到我走上了曲折的道路，才終於以自己為榮。」當走過才明白箇中的意涵。

我閱讀時，一直想到書中提起的洋特法則。我們的社會化體制，框架了我們對成功與幸福的定義，標準化讓我們減少了失敗的風險，卻讓我們也失去了許多挑戰的機會。

黑馬確實有其思維法則，這本書並不是要你成為人中黑馬，而是活出你與生俱來的黑馬特質。這是一本好書，在講求個人化的社會中，這本書讓人驚豔！我衷心推薦此書，也祝福您活出黑馬人生！

——張進益（桃園少年之家執行長／大改樂團總監）

何謂黑馬？我是不是黑馬？也許要到達某個終點才有答案。

高職讀的是電工科，卻在退伍後為了找尋想走的路而放棄水電這個工作。二十年間，在換了十數個工作後，心不甘也情不願地回到水電這個不喜歡卻不得不的工作。曾經以為人生就這樣了，卻在我最低潮，一年三百六十五天有三百天想自殺的惡夢中，看到一絲光明。

因為沉迷網路遊戲而失去工作，甚至是家庭，卻也在網路遊戲中找到另一個出口——部落格。從小說到食記及國外旅行的分享文，一度以為我愛的是寫部落格，最後才發現其實我是想徹底做自己。

常有人問我：當部落客最重要的是什麼？我的答案是「分享」。我也常問別人：你最想做的是什麼？卻常常得不到答案。

本書提到的幾個步驟，有一個最簡單，也是最困難的關鍵，就是做自己，或者可以說是找到自己想做的事；比方說，我想做的事就是找出別人不知道的餐廳和景點，進而讓大家跟我一樣喜歡這間餐廳和這處景點，在幫助別人更是幫助自己的過程中，找到生命的重點，找到一條該走的路，也在這條路上累積自己的人脈資源，碰到覺得自己是黑馬的伯樂。

也許我在別人眼中還不算是黑馬，因爲我常說自己「還不是什麼東西」，我很清楚我還沒跑到自己認爲的終點。或者就像本書中提到的，根本不需要有終點，只需要照著自己的心意，不斷地往前走。

人人身上都有一份黑馬的特質，只要找到發自內心喜歡的事，勇於踏出第一步，堅持並開心地往前走，你就是書中的黑馬，終點即在眼前，也在你的每一步裡。你相信有路，前方就有無數的夢想和終點。

與其說本書是教你如何成爲黑馬，倒不如說本書是告訴你如何發現自己是一匹黑馬。你的終點只在你的心裡。那個可以成爲黑馬的終點在「黑馬思維」裡，也在你心裡等著你自己去發掘。

——蕭嘉麟（美食部落格「小虎食夢網」版主）

黑馬來自於適才適性，本書讓你看見自己與生俱來的內在本質，培養自己的心態與策略，抓住最能成爲黑馬的機會與環境。

我們正處於一個黑馬頻出的時代，洞悉局勢、了解自己，你我都有可能踏上一條最能實現自我的道路，找到屬於我們自己的幸福。

——邱瓊玉（印花樂共同創辦人）

顧名思義，「黑馬」指的就是那些原先被看衰，後來卻跌破眾人眼鏡，獲得耀眼成就的人。

以追求實現自我爲目標，黑馬選擇了自己要過什麼樣的人生，並堅持走在這條路上。他們具有強烈的使命感。無論是對工作的熱忱、以自身成就爲傲或是朝人生夢想前進，每位黑馬都非常投入在他們所做的事情上，自信活出自己的樣子。他們的人生過得很値得，很有意義。

本書讓你更加了解自己，藉由追求自我實現，成就卓越！

——柯梓凱（一芳水果茶創辦人）

標準化思維認為「特殊的人才有天分」，黑馬思維則認為「人人都有天分」，「兩種思維互相衝突，如同人類靈魂潛能的交戰。你必須選邊站才行」。

在這樣一個學生畢業後所從事的工作有六十%還沒有被發明、目的設定不確定的世代，考試成績絕不再是衡量人才的單一標準，因此我支持學生發起的「終結放榜新聞」活動。

臺灣所堅信的民主核心價值，指人民可以自由地自我實現，正如同本書以黑馬思維強調，社會必須具備「平等的適性」系統，讓每個人的目標是成為最好的自己。這也是臺灣十二年國教新課綱「適性揚才」的理念，教育的目的應是讓學生了解自身的天分以及世界，幫助他們追求幸福的人生，並成為有熱情、有生產力的公民。相對於過去以考試成績作為篩檢人才的單一標準，看似筆直大道的時代，黑馬思維個人化時代的人才培育會是條更為曲折的道路，但卻符合社會多元人才需求的本質，也能成就更多人才，因此值得堅持。在此推薦本書給教育人員、家長及想要自我實現的人，深思學習。

——林香吟（高雄女中校長）

如果只是把別人定下的規則「複製，貼上」，那麼你將很難找到真正的自己。不管是做學生還是老師，我都很盡力地在臺灣的教育體制下，當個乖巧的一分子；直到快五十歲那年，決定把餘生貢獻在偏鄉與弱勢教育後，我才終於找到自己的志業。

本書提供我們在探尋人生道路時所需要的準則與勇氣，告訴我們：最困難的，其實不過是跨出第一步。

——蘇文鈺（成大資工系教授／Program the World 教學計畫創辦人）

沒有人可以預測未來，你唯一能做的，就是相信自己，堅持下去，人生是一場比氣長的競賽。

——黃益中（高中公民教師／《思辨》作者）

興趣結合專業，人生才能快樂。這本書就是最好的指南！

——崴爺（斜槓大叔）

他們怎麼辦到的？爲什麼有些人突然橫空出世，達到非凡成就，做出遠大貢獻？答案就在這本書中。本書引人入勝，發人深省，說明個體性如何帶來自我實現，自我實現又如何成就卓越。無論你已經是個黑馬，還是正欲破繭而出，本書皆可當你的成功指南。

——丹尼爾·品克（Daniel Pink，《未來在等待的人才》作者）

好成績？不見得必要。正規訓練？呃，也未必需要。本書道出黑馬是如何拒絕傳統的成功之道，卻還是能夠成功，獲得自我實現。本書不會叫你照著他們的路走，那就違背了黑馬思維；你是學到嶄新觀念，懂得如何面對前方之路。

——亞當·格蘭特（Adam Grant，華頓商學院教授）

本書打破我們對何謂成功和如何成功的傳統觀念。

——艾美·柯蒂（Amy Cuddy，《姿勢決定你是誰》作者）

目次

前言

打破既定模式

所有背後的概念是如此簡單，如此美麗，如此確切。當我們十年、百年或千年後終於明白之際，將會對彼此說：不就該是這樣嗎？

——約翰．惠勒（John Archibald Wheeler，美國物理學家）

橫空出世的人：黑馬

絕沒有人會預見麥考蜜珂（Jennie McCormick）的橫空出世。

二〇〇五年，在紐西蘭的奧克蘭，麥考蜜珂靠農場灣天文站的十吋反射望遠鏡，發現了遠在一萬五千光年之外的某個太陽系未知行星。幾年後，她又有另一個不凡成就，那就是發現了一顆她命名爲「紐西蘭」的小行星。麥考蜜珂與人合寫了二十多篇學術論文，發表在聲名崇隆的《科學》等期刊，連參演影集《星艦迷航記：銀河飛龍》的女演員葛絲．梅菲頓都在科幻小說展上找她簽名。不過麥考蜜珂最驚人的成就大概是：她這位國際知名的天文學家，連張大學文憑都沒有。

事實上，她連高中都沒畢業。

麥考蜜珂在河畔城市旺加努伊由她的單親媽媽一手帶大。她說：「我從來就不適應學校生活。當年我還是個被荷爾蒙困擾的女孩，不喜歡自己的長相、不喜歡自己的鞋子，既任性又缺乏父母的開導，一心只想逃出學校。」

她十五歲輟學後，就在馬廄做清潔工作。不久後，母親離開了她。爲了自力更生，麥考蜜珂報考高中同等學力測驗，卻沒有通過。二十一歲時，她成了單親媽媽，在炸雞速食連鎖店工作養活兒子，未來看起來沒什麼希望。

然後轉捩點出現了。

在麥考蜜珂二十五歲前後的一個晚上，她拜訪住在死火山口旁的親戚。其中一個親戚把望遠鏡塞給她，叫她欣賞一下銀河，還說那是只有偏僻地方才看得到的景象。麥考蜜珂告訴我們：「現在我還能看見當時的我躺在溼答答的草地上，用望遠鏡看著天空，只感覺：**哇塞！我的天啊！**那些星星眞是太**正點**了。我看得目不轉睛！原本我對星星一無所知，後來卻開始好想深入了解。」

她一股勁地努力充實自己的天文知識。雖然她不太懂科學，教育資源也不多，但很有耐心地精進自己的觀測功力，望遠鏡愈換愈大。一九九九年，經過十一年的獨自摸索與研究，她利用別人不要的設備，加上生鏽的器材，在陽臺拼湊出一個觀測站，取名爲「農場灣天文站」。五年後，麥考蜜珂採取一種運用「重力透鏡效應」的複雜觀測技巧，靠分析周邊星體的引力影響以觀測遠處天體，看見一個質量爲木星三倍的系外行星，成爲二百多年來第一位發現新行星的業餘人士，前一個是在一七八一年發現天王星的赫歇爾（William Herschel）。

另一個橫空出世的是魯洛（Alan Rouleau）。他替政商名流和運動選手，量身訂製服裝，被時尚雜誌*Town & Country*選為美國最頂尖的裁縫師。他的艾倫．魯洛服飾店，位於波士頓最時尚的紐柏麗街，替城裡的泰姬飯店、麗池卡爾登飯店、四季酒店和文華東方酒店提供頂級服務。魯洛還獲譽為「獨門布料大師」，舉凡皮亞琴察喀什米爾羊毛、義大利德拉格一八〇深灰色西裝料，和紳裝西服二〇〇布料等，經由他的巧手都能化為時裝。魯洛特別在意數學上的精確度，除了對不同的布料材質掌握透澈，還深諳一個常遭忽略的關鍵——從個別客戶的角度了解他們。

魯洛解釋道：「你必須考量客戶的個性、年紀、膚色、職業和生活風格，尤其是他們的理想。你不只要了解他們是什麼樣的人，還要了解他們想成為什麼樣的人。」他親切自信，慧黠風趣，所以客戶更能敞開心胸，吐露自我。連最龜毛、最挑剔的客戶都被他打理得服服貼貼。

你也許會猜想，這種絕頂技藝有賴於一輩子的精益求精。的確，美國大多數的高階縫紉師不是出生在縫紉世家，就是來自歐洲，從小當學徒浸淫此藝。

但魯洛走的是另一條路。

他生於麻州中部堪稱是窮鄉僻壤的萊姆斯特鎮，兄弟姊妹共六人。高中畢業後，他就讀地方上學費低廉的東南麻州大學，但家裡小孩多，父母無法負擔他的學費，他只好打很多份工，白天上課，晚上在加油站兼差，凌晨一大早再替優比速快遞裝貨。蠟燭兩頭燒，魯洛終究無法兼顧學校課業，只好休學，希望有朝一日存夠錢再回到學校。休學後，魯洛在加德納鎮當酒保，賣一杯五毛美元的酒給大學生和勞工。這當然不是一份多有前景的專業工作。

不過，雖然魯洛沒有背景或人脈，這份工作卻讓他學到了交際技巧和生意直覺。當酒吧老闆意外被迫出售他的店，魯洛抓住這個機會，買下了酒吧。此時僅僅二十歲的魯洛，儘管身無資產，卻跟銀行保證能憑搏感情的技巧把酒吧經營好，說服了銀行貸款給他。魯洛所言不虛，酒吧生意蒸蒸日上，最後他得以把錢還清。但魯洛沒有就此止步，他接著買下酒吧所在的房子，開設不動產公司，先買下一棟四層公寓，再買下另一棟房子並改裝成餐廳；後來，他還在鄰鎮買下一家壁球和網球俱樂部的酒吧，進而買下整家俱樂部。到了二十八歲，魯洛已經不再是最初那個晚上打工賺學費的窮小子，而是在小鎮建立了他的企業王國。

雖然魯洛功成名就，卻覺得人生少了某個重要的東西。幾年後的某個早上，他一邊看著鏡子，領悟到：「這不是眞正的我。我不只是這樣。」接下來他做出嚇壞周遭眾人的舉動，那就是把他所有事業賣掉，到波士頓另起爐灶。他甚至還做了一個出乎意料的嘗試，連最了解他的人都會跌破眼鏡——他決定要製作男性西裝。這是職涯的大轉換，但完全填補了魯洛心裡的空洞，讓他無比投入其中。經過兩年的勤奮訓練與精進，三十五歲的魯洛贏得首座全國性時裝獎。之後他獲獎連連，艾倫．魯洛服飾店成爲全國首屈一指的耀眼名店。

魯洛和麥考蜜珂的例子，打破了我們所認知的潛能發展模式。一般認爲，如果想當個成功的天文學家，你需要取得博士學位，在名校完成博士後研究，擔任終身職的天文學教授，而不是半路休學，在住家後院自學。如果想當個成功的縫紉大師，你需要從年輕就熱愛時尚，花好幾年在大師門下當學徒，磨練技藝，精益求精，而不是從毫不相干的行業半路出家。魯洛和麥考蜜珂像是橫空出世，突然殺出一條血路。

有一個名詞可以形容這些橫空出世的人。

也就是：黑馬。

黑馬只是異類？萬一我們都搞錯了呢？

英文的「黑馬」（dark horse）這個詞，源自一八三一年的小說《年輕的公爵》（*The*

Young Duke）。在這本英國小說中，主角在賽馬比賽下了注，沒想到賽事由一匹乏人問津的**黑馬**奪冠，害他輸掉一大筆錢。「黑馬」這用詞旋即風行起來，意指事前不被看好卻意外獲勝的人。

這個詞出現後，社會不太知道要怎麼看待黑馬。根據這個詞的定義，我們平時當然會忽略黑馬，直到他們大放異采才赫然發覺，驚嘆於他們的異軍突起。即使如此，很少有人覺得能向黑馬學到多少東西，並應用在自己身上，畢竟他們的成功往往像是來自偶然，只是依靠運氣。

我們爲麥考蜜珂和魯洛等黑馬的勇氣和堅持鼓掌叫好，但他們兩人一位從速食店店員變成發現新行星的天文學家，一位從酒保變成時裝大師，這樣的轉變未免太過離奇，彷彿只是特例，不值得效法。當我們想找尋可靠的成功公式時，想到的是莫札特、巴菲特和老虎伍茲等等，大家都預見會成功的人。

莫札特從八歲開始創作交響樂，巴菲特從十一歲開始買股票，老虎伍茲六歲贏得高爾夫球賽。他們很小就知道自己要走哪條路，花大量的時間往前奮進。這類傳統高手的成功策略似乎更容易複製：知道目的地，認眞努力（非常非常努力），一路不屈不撓，最終實現目標。這是一套「標準公式」，是教師、老闆、家長和學者眼中最可靠的成就卓越方式。相較之下，麥考蜜珂和魯洛這類黑馬只是頗有意思的異類，不是成功的楷模。

但萬一我們都搞錯了呢？

這個新時代需要的成功公式

從古至今，人們都在給予彼此成功的建議，各種勵志格言由來已久，跟哲學一樣古老。亞里斯多德、孔子和奧古斯丁都給過成功訣竅，我們也許會覺得這類古代智慧多數應該是歷久彌新的，但實際上卻並非如此，各種建議都有其時效。

最管用的建議必須明確、具體，能付諸實行，所以跟提出當下的時空密切相關。十三世紀玻里尼西亞的成功建議（學習建造和操控獨木舟）是一回事，十三世紀蒙古帝國的成功建議（學習騎馬和顧馬）是另一回事；十五世紀阿茲提克的建議（別成爲被獻祭的活人）是一回事，十八世紀俄羅斯帝國的建議（別成爲農奴）是另一回事。

這類建議因時因地而制宜，當社會一旦轉變，就不見得繼續適用。一七七五年出版的手冊《發財制勝之道》（*The Way to Be Rich and Respectable*）就提出例子，作者特拉斯勒（John Trusler）在英格蘭從封建經濟轉變為商業經濟的最後階段寫下這本書，他發覺在接下來的新時代，發財致富的機會不再局限於王公貴族：「（先前）民眾樂於依靠貴族，從屬於貴族，還為自身的臣服與忠誠略感驕傲……但隨著貿易增加，財富亦隨之增加，民眾始而感到有新的需求……渴望先前從未夢想過的享受。」在新時代要如何成功呢？他給的建議乍看之下既奇異又不切實際，最終卻定義了新時代：那就是「獨立自主」。不再因循先前攀附貴族的那一套，而是前所未見地追尋個人自主。

你自己身處的這個時代始於二十世紀早期，西方社會步入以工廠為基礎的製造經濟。這時代常被稱為工業時代，但更準確的稱呼是「標準化時代」。舉凡生產線、大規模製造、組織階層和義務教育變得普遍，日常生活的多數層面，包括消費者商品、工作和學歷等，也都變得標準化。

一如所有時代，標準化時代自有其對成功的定義：在組織裡往上晉升，獲取財富和地位。這個新概念催生了現代的勵志書籍，例如卡內基的《如何贏取友誼與影響他人》（一九三六年）、希爾的《思考致富》（一九三七年），以及皮爾的《積極思考的力量》（一九五二年）等長銷大作。這些書籍著重在建立有利於往上晉升的習慣和技巧。希爾建議：「比較好的做法在於，你做事要能幹，要有效率，讓有辦法提拔你的上級注意到你。」

在標準化時代，勵志書和主流見解首次同意同一套成功要領。二十一世紀以降，《紐約時報》暢銷書和頂尖社會科學家說著同一套標準公式。幾十年來，「知道目標，不屈不撓」如同最可靠的成功方法，無庸置疑，千真萬確，誰不信就是笨蛋。最近很多書甚至說這套方法是永恆的人類智慧。

你手上的這本書卻不然。在我們看來，新時代需要一套截然不同的成功公式。

向個人化時代邁進：個體性很重要

在這個時代，Netflix 準確推薦適合的好片給你，亞馬遜準確推薦適合的好書給你，YouTube 和電視替你做選擇，Google 替你挑選搜尋結果，臉書和推特餵專屬的動態消息給你。這些前所未見的科技有一個共通點：**個人化**。不過這些個人化科技只是起頭，之後我們會更加迎向個人化的時代。

我們正經歷醫療的個人化。醫生愈來愈會選擇最適合**你**的癌症療法，考量你獨特

己卻需要自我實現、追求自己所認定的成就，才會覺得自己是成功的。

然而，雖然我們想要一種新的成功，卻不見得知道應該怎麼達到。愈來愈多人在追求自己眼中的成功，但學界對成功的研究卻還停留在標準化時代。將近一百年來，學界幾乎都在探究一體適用的成功，老是在問一個看似直接的問題：「什麼是獲得成功的**最佳**方法？」

但我們要採取另一條路。

我們兩人是基於一個相同的信念而攜手合作，那就是我們相信個體性很重要。我們相信，唯有每個人發揮所長，社會才能繁榮興盛。我們所有的研究都是基於一個認知：讓每個人充分發揮潛能的最佳方式，就是了解個體性，頌揚個體性。基於這個信念，我們提出一個稍微不同的問題：「什麼是**你**獲得成功的最佳方法？」

爲了找出答案，我們把目光放在黑馬上。

黑馬研究計畫

我們不是基於某種學術傳統才選擇黑馬爲研究主題，學術圈沒有這個傳統。事實上，我們爬梳文獻之後，還沒找到哪位學者投入過相關的大型研究。我們是基於個人理由而決定研究黑馬。

我們倆都經歷過艱苦的掙扎，逆主流而行。陶德十七歲從高中輟學，跟同樣十幾歲的女友結婚，二十歲之前就有了兩個孩子，在猶他州鄉間靠著賣鐵絲網圍籬維持家計。奧吉從四所大學五度休學，做不了朝九晚五的工作，一度靠著開車賣二手書貼補家用。在標準化時代，我們都有一長串糟糕的紀錄，想方設法順應學校和工作的標準，卻從來格格不入。

也許我們只是憑藉著好運才終於在專業上立足，但我們確知一件事：我們勉力獲得的成功，都來自於打破遊戲規則。這不是出於反叛或傲慢，而是不得不然，我們所有想遵循標準公式的努力都以失敗收場。

由於這種體認，我們覺得黑馬也許是探究如何獲致個人成功的良機。如果確實有一套人人可以用來成就非凡的原則，我們要從哪裡找出這些原則呢？我們認爲，最好就是從橫空出世的高手身上。

所以我們展開了黑馬研究計畫。

我們開始訪問各種領域的高手，包括歌劇歌手、訓犬師、美髮師、花藝師、外交官、侍酒師、木匠、操偶師、建築師、大體保存師、西洋棋大師、助產士——當然還有天文學家和時裝大師。我們沒有對努力或天賦抱有什麼預設立場，我們只是傾聽他們用自己的話語，描述自己如何在專業上達致卓越。

結果我們從傾聽學到很多。我們很快就發現，很多高手在學校表現不佳，甚至根本沒有讀到畢業，例如麥考蜜珂就是一個例子。其中一位受訪者是蘋果公司的高階主管，他原先就讀名校的資工研究所，讀到一半就不讀了；一位是破紀錄的機師，但從沒讀大學；一位創辦了國際海洋哺乳動物訓練中心，恰好還是在迪士尼待了最久的旁白配音員，兒時卻是由一個菜鳥家教教他。

有些黑馬在學校或工作上表現出色，卻突然整個轉換跑道，例如魯洛就是一個例子。我們的其中一位受訪者是文學博士，卻突然跑到天寒地凍的北方，回來時成為罕見蕈類的專家；一位原本是建設公司主管，後來成為牛津大學九百年來第一位不是學界出身的校長；一位在長春藤名校攻讀認知語言學研究所，卻放棄學術之路，成為世界級的撲克牌高手。

既然我們訪談的是黑馬，他們自然不是循著正規的成功之路。但我們要問的是：麥考蜜珂、魯洛和其他黑馬有什麼共通點？是什麼根本特點，讓他們得以異軍突起？

特質不一的各色黑馬

你也許會像我們剛開始一樣，猜想所有黑馬都有某個關鍵特質，例如反抗體制。也許多數黑馬很有個性，很特立獨行，就像維京集團的創辦人理查·布蘭森，懷抱壯志想幹出一番大事業，證明這世界是錯的。

但我們發覺，完全不是這麼一回事。

我們發現，黑馬的個性各式各樣，沒什麼共通點，跟一般人沒兩樣。有些黑馬膽大強悍，有些黑馬害羞謙和；有些黑馬喜歡顛覆，有些黑馬在乎他人。黑馬並沒有特定的個性，也沒有特定的個人動力或社經背景，沒有經過特定的訓練、學習或練習。但他們**確實**有一個共通之處，非常明顯。

那就是：**自我實現**。

黑馬的共通特點：自我實現

我們剛開始展開黑馬研究計畫時，完全沒想到什麼自我實現，而是想找出具體的學習方法和練習竅門。基於所受的學術訓練，我們很抗拒難以量化的模糊變數，而自我實現就是非常模糊的。但另一方面，學術訓練也教了我們一件事，那就是不要忽視事證，即使再違背原有預期的事證也不該視而不見。

許多黑馬明確提到了「自我實現」。有些黑馬提到強烈的「使命感」；有些提到對工作的「熱忱」；有些提到以自身成就「爲傲」；有些提到要「眞誠過人生」；有些提到「這是我的天職」；還有一位對我們壓低音量，鄭重地說：「我正在活出夢想。」儘管用詞不同，每位受訪的黑馬都是自信地活出自己的樣子，非常投入在他們所做的事情上。簡單來說，他們的人生過得很值得，很有意義。

他們跟我們一樣，需要哄小孩上床睡覺，需要繳車貸，希望在工作上做出更多成績，但他們幾乎每天早上醒來都對工作躍躍欲試，幾乎每天晚上睡覺時都覺得人生很美好。我們有了這個發現後，逐步找到最重要的關鍵。

我們深入探究，發覺他們的自我實現感不是一種巧合，而是一種選擇。追求自我實現正是黑馬最重要的共通點。

從追求自我實現到成就卓越

黑馬是**選擇**把自我實現列爲第一要務，這跟我們通常對自我實現的想法截然不同。我們往往認爲，快樂是在工作上出類拔萃的**結果**——自我實現是成就卓越的**報酬**。但你認識多少人在工作上很卓越，卻過得不快樂呢？

我們有個朋友是索價很高的公司法律師，但她一天到晚抱怨工作很沒勁，做得很痛苦，好希望當年選擇另一條路。我們另一個朋友是名醫，老是覺得行醫很乏味，只好靠旅行和嗜好尋求慰藉。

出類拔萃不代表自我實現，對此我們不應感到意外。畢竟自我實現根本不在成功公式裡面。提倡成功公式的學者和機構**暗示**說，如果你知道目的地，認眞努力，不屈不撓，那麼等你到達目的地之後，自然能獲得自我實現的感覺。他們說，你要讀好學校，做份好工作，然後……就會快樂。

標準化時代強調，如果你努力成爲佼佼者，就會得到自我實現的滿足感。只是雖然好幾個世代都被灌輸這個觀念，但如今我們明白，這在個人化時代是多麼空洞的空頭支票，於是我們開始不再這麼認爲了。黑馬就是這套標準公式的反例，有助於我們跨向新時代。在我們探究麥考蜜珂、魯洛與黑馬計畫的其他黑馬之後，最重要的發現是：他們並非靠追求卓越而實現自我。

他們是靠追求自我實現而成就卓越。

什麼是個人化的成功？

起先我們感到一頭霧水，爲什麼一個個黑馬都靠著追求自我實現而成就卓越？後來我們訪談了愈來愈多黑馬，才逐漸明白，答案就在我們當初決定訪談黑馬的理由。

那就是他們的個體性。

怎麼樣才叫作實現自我，可謂因人而異，原因在於每個人的喜好、需求和渴望都不一樣。黑馬能獲得自我實現的滿足感，但靠的不是非常擅長**某件事**，而是深深投入**自己的事**。麥考蜜珂的滿足感，來自以望遠鏡觀測遼闊的宇宙；魯洛的滿足感，來自設計時尚服飾。如果叫麥考蜜珂設計潮服，叫魯洛觀測宇宙，他們都不會有多快樂。

就算在同一個專業領域，不同黑馬的目標和自豪也來自不同層面。有些建築師喜歡設計最宏偉壯觀的建築；有些建築師喜歡設計對環境衝擊最小的建築。有些運動選手喜歡個人運動，是輸是贏由自己一肩扛起；有些運動選手喜歡團隊運動，跟隊友一起打拚，一起扛起比賽的勝負。沒有「一體適用」的滿足感這回事。

一般人往往認爲，提到賺錢謀生，你必須做出抉擇，要不就做喜歡的工作，要不就做賺錢的工作。黑馬告訴我們，事情不是這樣。他們順應自己的性情，既出類拔萃，又得到快樂。他們遵從眞實的自我，投入於實現自我的工作，所以很能好好學習，好好成長，精益求精，鍛鍊出一身好本事。他們提出一種新的成功定義，適合個人化時代，彰顯個體性的重要：

個人化的成功，就是「兼顧」實現自我和成就卓越。

追尋自我實現，最有機會活得淋漓盡致

個人化時代帶來美好和希望，但也帶來迷惘和恐懼。我們面對翻天覆地的劇變，直覺反應通常是退回熟悉的老路，退回標準化時代的那一套。就算老路沒有非常適合我們，至少感到熟悉，至少容易預料。然而，現在老路已經不再是安全之道，而是注定落後之道。

合眞實自我的機會。雖然他們要面對柴米油鹽醬醋茶，面對生活裡的各種艱難考驗，卻努力做自己。原因在於，他們的個體性很重要。

他們一再碰到岔路，放棄筆直前行，走得彎彎曲曲。然而這卻帶來一個問題：激發出轉捩點的到底是什麼？

群體大於個人的洋特法則

你也許會猜想，激發出轉捩點的原因各不相同。嚴格來說，確實如此。自我實現總是關乎個人。然而，如果各個黑馬的自我實現這麼因人而異，我們可以從而想見讓黑馬前仆後繼地改變人生方向的是什麼：一種普遍壓抑個人的群體力量。卡蘿茲完全知道她面臨的罪魁禍首是什麼：「讓我永遠覺得格格不入的最大原因，就是洋特法則。」

在斯堪地那維亞，也就是卡蘿茲出生長大的地方，洋特法則（Law of Jante）相當盛行，可謂是根深柢固。洋特法則是一種在談個人和成功關係的文化，卡蘿茲解釋道：「依照洋特法則，人人都該獲得一視同仁的對待，該有一模一樣的行爲。別以爲自己有什麼特別，絕對不該不合群地跑去做自己的事。」

這種思維其實就是：**標準化**。

「複製、貼上」的標準化思維

一八九〇年代，施貴寶藥廠的乙醚、無機鹽瀉藥和抗菌牙膏等產品，位居全美市占率第一，奎寧、鴉片類麻醉劑和氯仿麻醉劑等產品也有很高的市占率，獲得前所未見的商業成功，讓美國迎來了大藥廠時代。而這完全歸功於創辦人在標準化上的不懈努力。

施貴寶原本是美國海軍軍醫，負責檢驗藥品的品質。他很快就發現各藥廠每種藥品的純度差異很大，一批一批——有時甚至是一瓶一瓶——都各不相同。施貴寶忍無可忍，決定要開一家藥廠，目標就是生產的藥品必須保持品質一致。施貴寶藥廠長年的宗旨正是：「可靠，一致，精純，有效。」

施貴寶藥廠堅守標準化為宗旨，昂首邁向二十一世紀，如今成為必治妥施貴寶製藥公司。從標準化時代的早期以來，很多美國企業也憑產品標準化成為現代產業的巨擘，像是埃克森美孚（原本是標準石油公司，率先把煤油給標準化）、家樂氏（前身是巴特克里克玉米片公司，率先把早餐穀片給標準化），以及福特汽車（「任何顧客都可以選擇他們想要的車身顏色——只要是黑色的就行」）。

標準化的目標是讓生產系統發揮最大效率，方法是消弭個別差異。標準化是建立一個固定的程序，輸入相同，產出相同，沒有波動，沒有偏差。

換言之，標準化思維的原則爲：**個體性是麻煩所在**。

生產效率至上！去除個體差異，打造集體成功

把標準化思維應用於產品生產上，可說相當合理。如果你頭痛，自然希望每顆阿斯匹靈都有著同樣的藥效。如果你開車橫越美國，自然希望馬里蘭州或密蘇里州的汽油一模一樣。雖然我們也許會希望擁有一輛迎合自己喜好的客製化汽車，但福特的標準化做法對消費者有一個最大的好處：售價較低。在福特的年代，美國大衆的問題並不是要選擇標準化汽車或是客製化汽車，他們是在買得起和買不起之間做選擇。

持平來說，如果你在打造標準化生產，個體化確實會是個麻煩，不利於可靠、一

致、精純和有效，所以也不利於生產。這就是在標準化時代剛開始的時候，產業系統會去除掉個體差異的原因。

如果我們只局限在標準化的商品，你也許就不需要這本書了。當我們決定把人類像阿斯匹靈般化約，我們集體對成功的概念——還有各自對成功的追尋——就完全變了。

這發展並不糟糕，只是一種非常成功的「製造哲學」所自然導致的結果。在十九世紀的手工製造時代，工廠每次有新勞工就得進行調整。然而，「標準化之父」美國實業家泰勒（Frederick Taylor）發覺，在工廠製造的體系下，機器既昂貴又龐大，工人則既便宜又能學習。與其要機器適應工人，不如叫工人適應機器，會更有效率。

最早面對標準化的不幸靈魂就是工廠工人。他們擔任起一成不變的新角色，幾乎不需要獨立思考，只是反反覆覆地鎖螺絲、搬貨品、剪電線。一九三六年，卓別林編導電影《摩登時代》，描繪一個跟機械工廠世界對抗的不幸小人物。而在電影院外，在生產效率的旗幟下，幾乎所有美國勞工都變成整座超級機器的小螺絲釘。

克洛克（Ray Kroc）可說是標準化的擁護者。他打造出的麥當勞王國，每年生產數十億個一模一樣的大麥克。克洛克這麼替標準化思維辯護：「我們跟你一樣，發現我們無法相信那些不照規矩走的人，所以要趕快把他們變得守規矩……不能讓他們得寸進尺。組織不能相信個人，個人必須相信組織。」

成為組織的小螺絲釘：標準化未來的模範人生

依照這個精神，早期替工作場所制定標準的人，設計出一種新的組織模式，按井然的階層分出兩種人員。底下是**員工**，（根據泰勒的說法）職責是「遵照我們給的指令，一個口令、一個動作，而且要動作迅速」；上面是**主管**，職責是告訴員工怎麼做，有權做出組織內部的大小決定。

聽起來當主管還不賴。但雖然員工先前的權利和自主權現在都握在他們手上，他們立即發覺自己無法發揮獨特的長才，只不過是別人可以取代的零件。在標準化的組織階級裡，每個主管都是擔任預先設定好的角色，財務主任要做什麼、行銷經理要做什麼，全都有規定，並不因人而異。標準化組織就是這樣，無人倖免，個體性才是個麻煩。

接下來，標準化影響到我們的孩子。教育改革者眼看產業界的標準化無比成功，決定如法炮製，重新設計學校和教學，一味以效率爲最高指導原則。二十世紀初期，整個美國教育系統轉型爲標準化的課程、標準化的課本、標準化的年級、標準化的考試、標準化的學期，以及標準化的畢業證書。教育圈仿效產業界區分員工和主管的方式，明確區分教師和職員。教室參考工廠的設計，連上下課鐘聲都像工廠換班的鈴聲。一九一六年，克伯萊（Ellwood Cubberley）寫下《公立學校管理》（*Public School Administration*），對教育標準化影響深遠。書中提及：「就某個程度來說，學校就像工廠，把原料（即學生）加工爲產品，以滿足生活上的各種需求。」

我們先是把工作給標準化，接著把學習給標準化，然後結合標準化的工作職場和教育系統，建立標準化的職涯之路。而一旦從上幼稚園第一天到退休那一天都經過標準化，整個人生就統統標準化了。

標準化職涯：追求一切按部就班的功成名就

從一九五〇年代開始，說到最顯著的標準化人生之路，大概非律師、醫師和工程師的職涯莫屬，除非按部就班地經過每個階段的學習與訓練，否則幾乎不可能成爲該領域專業人士。高中，醫學院預科，醫學院，醫師執照考試，實習醫師，住院醫師，正式醫師——終於功成名就！二十世紀以降，幾乎各行各業都經過標準化。如今，各職業都有一條標準之道，機師、廚師、核子工程師、會計師、電影攝影師、高中校長、藥師以及百貨經理，無一例外。

標準化的職涯，帶來標準化時代的成功定義：在體制裡往上爬以得到財富和地位。當功成名就的定義如此一清二楚，社會裡的每個人都只看得見一條道路：選擇你的職涯目標，接受所需的訓練，不屈不撓地走到終點。無怪乎自我實現不在成功的標準公式裡。自我實現關乎個人，但個體性早在標準化時代的開端即遭抹除，不在那條筆直的大道上。

在工業化世界，標準化的單一價值觀就這麼隨著工廠和學校蔓延擴散。這很不人性，我們卻全心接受，原因在於社會向我們暗示：如果你沿著筆直的大道往目的地走，你會得到工作、社會地位以及財務安全。這概念最終在美國變得根深柢固，如同社會的基本契約（而這在歐洲更是僵化，在亞洲尤其僵化至極）。

根據「標準化協定」，只要你拋棄一己對自我實現的追求，投入標準化職涯，社會就會給你獎賞。

標準化協定：跟別人一樣，但做得更好

為什麼有人會接受這種否定自我的條款呢？原因在於這個標準化協定看起來很公平——尤其跟先前的時代相比。十九世紀，只有特權人士——對的家世、對的種族、對的宗教、對的性別、對的銀行戶頭等——才真正擁有機會。相較之下，這個標準化協定似乎能夠真正地唯才是用。

在這個協定下，不是**每個人**都能成功，你還是需要辛勤工作並展露能力，才能有所成就。但是，至少這是有史以來第一次**任何人**都享有成功的機會。表面上，這協定的保證至今仍然成立：誰在標準化體制裡展現最強的本事，就能享有社會上最大的機會。任何人只要走在筆直的大道上，就擁有公平的機會，得以成為放射學家、專利律師、管理顧問、《財富》雜誌世界五百強企業的高層，或常春藤盟校的教授。為了得到這個獎勵，你所要做的跟別人並無二致——只是需要做得比別人更好。

修同樣的課，但得到更好的成績；考同樣的試，但得到更好的分數；攻讀同樣的學位，但上更好的大學。標準化協定最主要的成功法則，可以歸納為以下十個字：

跟別人一樣，但做得更好。

在體制內攀上高峰，就一定快樂嗎？

然而該協定還有另外一面，也是它最大的缺點：**標準化體制從來不是為個人的自我實現所設計**。

我們需要壓抑渴望，延遲快樂，走在追尋專業的漫漫長路上，任重而道遠。而快樂則是勤奮不懈和持守正道的**回報**。多數人聽到拋下正道追尋自我，立刻會想到自我耽溺和有勇無謀。如果你期望先得到快樂，別人會譏笑你是不知好歹的小鬼。

這就是洋特法則的明白譴責，也是標準化協定下隱隱的批判，幾乎沒人逃得開。多數父母如同簽下這個協定，認為先苦後甘，為了未來的前景犧牲一點眼前的快樂相當值得。所有父母當然都希望孩子快樂，但他們相信，只要孩子走上筆直的大道，日後就能自由地得其所哉，先前的艱苦微不足道。

這是個很合理的盤算。如果成功就是在體制內，在學校和職場一級一級爬上耀眼的梯子，那麼你會想盡辦法不讓孩子沉淪在底下。任何大學面試官或高中老師都會告訴你，大多數家長不想聽什麼自我實現的空話——至少在孩子錄取史丹佛大學之前不想聽。在那之前，他們只想知道怎麼讓孩子考進去。

我們對個人的成功因此變得只會一直線思考：你能爬到多高？這個想法還帶來了另一個結果：我們看到**確實**在體制裡攀上高峰的人，會認爲他們絕對很快樂。如果這沒有帶來自我實現的終極大獎，攀上高峰有何意義？當我們聽到頂尖球星或好萊塢巨星抱怨自己人生的不幸，可不會有多少同情：你都已經名利雙收了，竟然還不開心？你有什麼毛病啊？同理，我們看到做卑微工作的人，也不會把他們的不幸當成一回事，畢竟贏家才配享有快樂嘛！根據標準化協定，如果你沒有好好走在標準的大道上，就別對辛辛苦苦攀上高峰的強者感到眼紅。

多數家長心知肚明，無論是修升學考試的課，還是把申請大學的資料寫得天花亂墜，都不會讓孩子變成更快樂或更堅定的人，但他們還是熱中於宣稱這些很重要，一心讓孩子走上遵照標準化協定的美好人生。正因如此，有辦法的家長會替孩子選擇學區，說什麼也要住在有好高中的地方，多花點錢也在所不惜。

然而，這樣一味忽略個人自我實現的體系，對我們所有人都造成了深遠影響。最明顯的是，你可能會發現你不是在活出眞實的自己，並對此深深感到質疑。

於是轉捩點隨之出現。

面臨轉捩點，你是否有勇氣走向岔路？

標準化協定不看重自我實現，所以當黑馬感到不滿和質疑，追尋正道的人往往會嗤之以鼻；當學生或職員覺得付出沒有回報，別人往往會覺得他們是在無理取鬧，無病呻吟，因爲體制本來就沒有必要去遷就個人。

如果選擇走上曲折的岔路，這類嘲諷是免不了的，連最在乎你的人都會嘲諷你。原因不是親朋好友希望你乖乖遵守規矩，而是你的決定推翻了他們對世界運作方式的基本認知。他們希望你成功，而唯一的成功之道就是那套標準公式：知道目的地，認眞努力，不屈不撓。

因此，每個碰到轉捩點的人必然要做出重大決定。你可以繼續假裝：如果你**更認眞努力**，最後就能破繭而出，得到成功……

……或者，你可以打破這個標準化協定。

認真覺得自己的特質很重要

卡蘿茲從小到大試著跟別人一樣，但做得更好，結果卻是屢次感到格格不入，而且還做得更差。她喜歡藝術，考慮申請瑞典的設計學校，但家人明白地說，藝術不是一條能走一輩子的路；其他人則跟她說，她的藝術才能不足。卡蘿茲至今仍記得一個朋友的父親曾跟她說：「妳連畫圖都不會，怎麼會想學什麼設計？」

卡蘿茲的反應通常是責怪自己。她如同工業世界裡的其他好公民，把標準化協定的價值觀內化了；或者以她來說，把洋特法則內化了。她說：「我比較年輕的時候，一天到晚質疑自己。那時我覺得，如果想要快樂，就得做你擅長的事，而我也這麼尋尋覓覓。只是我好像永遠都找不到自己很擅長的事。由於我一直都沒有很擅長的事，所以一直都很不快樂。」

卡蘿茲三十多歲時搬到了紐約，希望美國能給她新的機會。當時她立刻愛上了紐約的熙熙攘攘，那跟北歐死板的生活風格有著天壤之別。因爲她需要工作簽證才能留在美國，所以到公關公司上班，跟記者往來，自己還向企業接品牌打造和設計的案子。這工作還算穩定，讓她勉強能夠在曼哈頓過著小資女的生活，但她仍然渴望找到更適合的工作。

十年過去。卡蘿茲幾乎要放棄了，準備打定主意這輩子做好公關工作就好。就在這個時候，先前的客戶突然給了她一個很特別的機會——瑞典美國商會即將在曼哈頓的文華東方酒店舉辦招待會，請卡蘿茲打點現場的鮮花布置。

「我先前從沒接觸過花藝。」卡蘿茲說：「瑞典美國商會的會長覺得我是在瑞典出生長大，而且先前我替他們做的設計把色彩運用得很好，所以我雀屏中選。」

標準化協定要求我們依標準公式成就卓越，然後能得到自我實現——某方面來說能得到。黑馬則把握自己的特質，充分發揮，從而最能成就卓越。這有賴於盡量了解自己，愈深入愈好。首先要仔細了解你的興趣，了解你的渴望，才能抓住適合真實自我的機會。卡蘿茲就是這樣，將近二十年來她在學校裡跌跌撞撞，在職場總找不到出路，最後終於清楚自己是個什麼樣的人。

卡蘿茲知道自己喜歡做出成品，「讓別人的小小時刻更美麗」，帶給別人快樂。她討厭一再重複與需要長期投入的事情，偏好有清楚起迄日期的短期案件，尤其交件日期還可以逼出她的極限。即便有預算限制也很好，能激發她狹縫間求生存的創意。卡蘿茲知道她很重視視覺，對色彩有直覺的理解，喜歡透過設計傳達訊息，喜歡搬運、敲打和切割等勞力活，喜歡在案子完成後立刻得到客戶的意見回饋，也就是她口中的「即刻的喜悅」。卡蘿茲還喜歡烹飪，而花藝到頭來跟烹飪有異曲同工之妙：「你把不同的食材組合在一起，烹調出料理，端到桌上給客人享用。」最後，她知道怎麼樣讓作品華麗而有氣勢，看似索價不菲又不會太過浮誇炫耀。「要賺企業的錢就得這樣。」她說。

卡蘿茲年輕時沒這麼了解自己，而且由於洋特法則的關係，她也不覺得自己的喜好有多重要。現在，她明白花藝也許相當契合她的興趣和能力，於是興致勃勃地投入這個瑞典美國商會的案子。她找來很有鄉間質樸感的漂流木，再獨自把很多鄉村風的木籃子釘在一起，籃裡不只擺花，也擺上瑞典人喜愛的蒔蘿和百里香。她運用自己對色彩的敏銳眼光，確保這一切搭配得宜，符合招待會想呈現的氛圍。結果，成品就像是魯本斯的鄉間畫作，而且大受好評。

其中一位賓客愛極了，熱淚盈眶地跟卡蘿茲說，這作品讓她想起了自己的童年。當初找上卡蘿茲的瑞典美國商會會長也很喜歡，後來持續找她替其他活動布置花卉，還在會場很自豪地說是她「慧眼」發掘了卡蘿茲。招待會的主廚旗下有一間米其林二星餐廳，他把卡蘿茲拉到一旁，大力誇讚她，還說她的布置和他準備的料理很搭。整個晚上，一個又一個賓客紛紛問起是誰布置了這麼棒的花藝作品。

「那是個恍然大悟的時刻。」卡蘿茲跟我們說：「我終於覺得自己做的事情很值得。」

雖然卡蘿茲沒多少積蓄，她還是在布魯克林開了一家名為「錫罐工作室」的花藝設計公司。剛開始，公司只有一個網頁，上面是她花藝作品的照片。但口碑很快就傳了出去，讓卡蘿茲沒多久就能全職投入花藝設計。她說：「在早期，我沒有任何經常性的開支，也不用花錢買什麼設備或材料，因為客戶都先替我預付了，我就拿他們的錢去買花材和用具。」

這裡有一個關鍵的思維值得我們了解。當卡蘿茲決定辭掉公關工作，全力投入一個不知道行不行得通的商業點子時，並不「知道她的目的地」——她不知道能賺多少錢，也不知道走花藝這條路最後會是什麼樣子。她沒有突然下定決心「認真努力」，而是一直都很認真努力；她絕對不是把長年壓抑的夢想「堅持到底」——先前她從沒想過要走花藝這條路；她也不是在反抗體制，而且她的客戶通常品味還很保守——企業客戶著重可靠而非叛逆。

卡蘿茲只是僅此一次拒絕標準化公式和洋特法則，走上自己的岔路。

她沒有上一般的花藝班，而是靠實際嘗試和犯錯來了解花卉，還向花販討教。在著手設計時，她不是遵循一般標準的插花法，而是運用她所了解的視覺設計基本法則。換言之，她開始認真覺得自己的特質很重要。

「我不怎麼關心其他花藝師怎麼把花組合在一起。」卡蘿茲解釋道：「有時候我想完全反其道而行。我把我的花朵當成一班學生，把每個學生當成獨立的個體看待，有的比較強悍，有的該躲在角落，有的該看著我對鏡頭微笑。」她的作品因而獨樹一幟，素材多樣，對比鮮明，搶眼吸睛，令人出乎意料，色彩繽紛如同畫作。

她不只是成爲花藝師而已，她成爲了一位「名叫卡蘿茲」的花藝師。

最難的不是接受新思維，而是揚棄舊思維

卡蘿茲這種個人的成功難以複製，因爲別人跟她的興趣、能力和機會並不相同。然而如果我們從比較宏觀的角度著眼，這故事背後也呼應了每位黑馬的共通點。

回到卡許的例子。他認爲柏克萊大學的資工博士班太過於著重理論，很不適合他。他以電機術語形容：「我覺得像是阻抗並不匹配。」他繼續解釋：「其中一位教授看

到我興趣缺缺的樣子，問說：『你不想出名嗎？』但他所謂的『出名』是指寫出高深莫測的論文，投稿到也許只有兩三隻小貓會看的學術期刊。然而還有其他許多成名的方式，包括教學或創造等等。」第二年，他自認非常格格不入，不情不願地休學了。

卡許一度覺得前途無量的資工生涯結束了：「我覺得自己很失敗。多年來，我只要到柏克萊校園附近就不太舒服。」但在休學後沒多久，他接受了某家矽谷新創公司的年輕執行長面試，對方想設計一種新的個人電腦。卡許跟對方分享自己特別的見解：即將徹底改變電腦產業的，並不是多數人以為的硬體，而是跟人面對面接觸的軟體。那位年輕的執行長正是史蒂夫·賈伯斯。他同意卡許的見解，於是聘請卡許擔任蘋果公司軟體部門的第一位副總監。

卡許很快就開始替第二代和第三代蘋果電腦推出創新的軟體設計計畫，他設計了第一款商用圖像使用者介面，並獲得自我實現的滿足：「那是前所未見的軟體，跟柏克萊在教的程式寫法天差地別。那是我這輩子非常美好的一段時光。」

和卡蘿茲一樣，卡許決定抓住自己的稟賦，追尋自我實現，從而在專業上成就卓越。赫爾是另外一個例子。他三十歲出頭時，離開伊利諾州的皮奧里亞市，前往以園藝聞名的英格蘭鄉間，向世界上最厲害的園藝高手們求教。他說：「我想，這就像如果我想跟最厲害的藍調樂手學習，就該去芝加哥找巴迪·蓋伊一樣。我想成爲世界級的園藝師，而最好的師傅就在英格蘭。」赫爾在那裡過得很辛苦，幹盡勞力活，幾乎是免費幫忙除草、翻土和運土。最後，他終於得到園藝大師們的信任，並得以在晚餐時和他們討論園藝。

兩年後，赫爾把錢花光了，回到伊利諾州，在他位於埃文斯頓的公寓開了一間小小的園藝公司，員工只有他一個人。「你可以說，我帶著園藝的碩士學位離開英格蘭。」他說服美式家居品牌Crate & Barrel的執行長，獲得在其芝加哥旗艦店前面設計並打造花架的機會。赫爾的花架別出心裁，在芝加哥前所未見，獲得客戶、建築評論家甚至是芝加哥市長理查·戴利的一致叫好。赫爾吸收英格蘭的園藝原則，用自己的方式表達，憑一次大膽出擊，重新定義了都會園藝。由於他的作品非常令人驚豔，芝加哥市府便請他替密西根大道這條購物大街的安全島，設計類似的植栽作品。

這正是赫爾渴望的挑戰。

赫爾交出的作品結合一年生植物、多年生植物、鱗莖植物和觀賞性小草，會隨時節變換鮮活繽紛的色彩——跳脫美國都市景觀設計的慣有做法。他也運用新奇的植物種類，像是鮮綠色的蕃薯藤、黃棕色的蓖麻子，還有暗色的羽衣甘藍。所有植栽的選用是根據它們吸收廢氣的能力，也根據其所在位置的日照、風量和溼度而定，而這些數值時常隔一個街口就天差地別——這是他在英格蘭學到的另一招。

旅客和市民立刻愛上他的作品，覺得它們呈現出芝加哥的特色。接下來二十年，整個密西根大道安全島的植栽景觀都是赫爾設計的。如今，全芝加哥有上百公里的花架和植栽，皆仿效赫爾的概念，全球各地許多城市也紛紛效法。二十一世紀的許多城市美化計畫，基本元素都包含鮮活的設計，這也完全源自他的創作。

雖然每個黑馬走的路各不相同，第一步卻完全一樣：他們決定把自我實現擺在前頭。黑馬下這個決定時，不是著重於能賺多少錢，不是著重於能有多厲害，而是發現一個適合他們個人的機會，然後伸手抓住。從此刻開始，他們依自己眞實的模樣來做決定，從而穩穩地逐步成就卓越。

這並不是說遵照傳統職涯之路的人很愚蠢或走錯路。並非如此。選擇走筆直大道的人值得尊敬和支持，儘管他們或許是走在注定的道路上，也還是能夠成功。我們無意批評任何成功之路，而是想指出很多沒人發現的歧路——標準公式所忽略的小路。

標準體制從來不是——也永遠無法——爲自我實現所設計。體系的原則是永遠無法擁抱個體，把個體化視爲麻煩，就像戰艦永遠無法改裝成戰機一樣。我們在標準化裡，只能走標準化的路。然而黑馬告訴我們，你可以從標準化裡，走出**個人化**的路。

雖然，到了這本書的結尾，我們會說可以修改跟社會的契約，依自我實現打造一個更好的體制，但你不需要等到系統改變了再開始行動，而是現在就能追尋自己的成功之路。

無論你是要走筆直的大道，還是走自己曲折的小徑，接下來的四章，將會說明要如何前行。每一章分別闡述黑馬的一個思維。這四個思維具體可行，背後依據一套概念原則，出自在二十一世紀推動個人化時代的一種跨學門新學理，也就是個體化的科學。當你繼續讀下去，四個思維會逐漸拼湊起來，讓你對世界有嶄新的認知，對你在這世界的位置也有嶄新的認知——知道此時此刻**如何**在你的人生追求自我實現。

黑馬思維聽起來好到不太可能。你也許很想相信，如果把自我實現擺在第一位，可以穩穩地迎向成功，但你還是經常懷疑書中違反直覺的建議：**也許這些建議在某些情況下對某些人有效——但不是人人適用，對我就不適用**。

這四個黑馬思維難以讓人相信——難以相信會對**你**適用。主因在於，我們從小到大，都以標準化思維在看待成功，連對「熱忱」「使命」「堅持」和「成就」等基本概念的理解，都完全是戴著有色眼鏡在看。正因如此，追尋自我成功最難的一部分不是採取新思維……

……而是揚棄舊思維。

如果你想親眼看到這個新宇宙，湊上望遠鏡就行了

人類歷史上的一大轉折，是我們對兩個天體概念的徹底翻轉。千百年來，人類認為地球當然是宇宙的中心，太陽顯然是繞著地球轉。有一天，哥白尼卻說恰恰相反：太陽才是中心，地球是繞著太陽轉。

這眞是兩種想法的衝突——一邊是人人眼中顯而易見的事實，一邊則徹徹底底違反直覺。畢竟太陽明顯是繞著地球轉。此外，日心說是建立在未經證實的數學上，地心說卻已好好地流傳了千年，還經過可靠的驗證。二世紀的希臘天文學家托勒密，就替圍繞地球的天體做了複雜的計算，充分預測水星、金星、火星、木星和土星的位置。

如果你想知道，活在人人盲目相信太陽繞著地球轉，而且對此深信不疑的時代，是什麼感覺，你不用發揮什麼想像力，現在你就活在這種時代。

一個多世紀以來，我們完全相信**體制**是社會理所當然的核心，一個管理聽話衆人

的上層結構。我們很難想像這個社會宇宙以另一種方式運轉。當別人提出一套古怪的新原則，認爲人才是這個社會宇宙的核心，大家可以改變對成就與卓越的理解——可想而知，這種說法很難讓人接受。

我們也許想要相信，當哥白尼提出嶄新的地心說，社會的觀點會因爲其超凡的邏輯和證據而立刻改變。然而並非如此。想法是很難改變的，跟日常現實密切交織的想法尤其難改。無怪乎，在哥白尼發表地心說的一百年後，多數人仍不相信地球繞著太陽轉。伽利略發現木星的四顆衛星，明白指出地球不是所有軌道的中心，還邀同事用他的望遠鏡親眼看看這些衛星，但很多同事直嚷著看不到，甚至還說光是要看就令人頭痛。

標準化協定限制了我們所有人，它衍生出對才能與成功的觀點，很容易理解，很令人熟悉。但當社會一心認爲追尋標準化的卓越能帶來自我實現，這樣的社會將不會有未來。相較之下，黑馬思維打開了一個無邊無際的社會宇宙，裡面充滿成就與快樂。黑馬思維對人類潛能提出新的觀點，讓伊利諾州的農家小夥子把城市變成花園，讓瑞典的徬徨女子發明嶄新的花藝形式，讓高中輟學生發現了遙遙遠方的新世界。

如果你想親眼看到這個新宇宙，湊上望遠鏡就行了。

第二章

知道你的微動力

我想一切關乎動力。如果你真的想做某件事，你就會很努力地去做。

——艾德蒙・希拉里（Edmund Hillary，紐西蘭登山家）

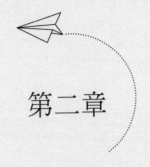

知道什麼對自己最重要

貝拉珂（Korinne Belock）在德州小鎮東伯納德長大。從有記憶以來，她始終非常想幫助別人。在德州大學讀大一時，貝拉珂認爲參與地方政治也許是服務社區的機會，所以到參議員辦公室實習。她很喜歡那裡的同事，感覺自己對世界有所貢獻，所以畢業後靠這份經歷在華府謀得一職，擔任杜爾的總統競選助理。之後彭博首次參選紐約市長，也雇她爲競選助理。彭博當選後，她留在他的團隊裡，在市府處理政務。貝拉珂可靠能幹的名聲，引起聯邦層級共和黨人的注意，很快就進入小布希的白宮裡工作。

貝拉珂才二十八歲就在白宮參與政事。在競爭激烈的政治圈，這可說是令人稱羨的好起步。然而二〇〇九年，彭博邀她回市府工作，她面臨了意料之外的十字路口。市府開出很多好位置給她選，她卻在職業生涯首次感到猶豫不決。

其實，貝拉珂覺得筋疲力盡。她全速衝刺了很長一段時間，可想而知需要休息一下。然而她愈是探究自己的心境，愈明白這份猶豫不只出自需要放假，而是反映了一件出乎意料的事：她不想再待在政治圈工作了。

貝拉珂一向期待跟那些想讓世界變得更好的人共事，也很期待這種工作的振奮人心，但十年之間，她待過各個政府層級，開始發覺自身動力眞正的本質也許並不如她原本所想。

她仍想幫助別人，這點千眞萬確。但說到底，她對競選和公職並不那麼熱中，但美國政治主要就是競選和公職。

多數同仁對選舉熱血沸騰，對掌握權力興致勃勃，對政治談判摩拳擦掌，但她對這些從沒這麼感興趣。雖然貝拉珂很享受擔任過的幾個職位，但老實說，她在其中最享受的不是選民研究，不是政見辯論，不是政治倡議，而是一件單純得多的事。

她喜歡的是組織事情。

貝拉珂喜歡把各種顏色的標籤貼在書上，讓書櫃在視覺上做好分門別類。她每次看到東西混亂散置，就很想動手整理好。老闆拉拉雜雜講了一堆點子，她可以迅速列成一份重點。她的頭腦如同迅速運轉的離心機，接收資訊再迅速去蕪存菁，把重點跟非重點區分開來。

貝拉珂最喜歡的職務是替彭博辦造勢大會，可以大幅組織衆人、宣傳和活動。她在華府的職務則很雜，她喜歡替總統安排行程的細節，但對政策研究或撰寫簡報則沒太大興趣。

她最不喜歡的，是彭博第一次當選後，她在市府負責的工作。那時貝拉珂負責協調市府的事務和部門，雖說這是重責大任，卻不需要多少協調功夫，而且時常還要等待別人把事情做好，這簡直要把她逼瘋了。

她逐漸發覺，每當想到離開政治圈的事務，把時間都花在組織事情——就算只是整理亂糟糟的櫃子或廚房，她的心情都會提振很多。這樣感覺才對。

貝拉珂察覺自己的興趣和待在政壇的衝突，來到了轉捩點：「我發覺，我完全有辦法開始爲自己工作。當你看見你能成功打好一場千萬美元的選戰，那麼拿五千美元創立個有關組織安排的事業，又何難之有？」

她在咖啡廳坐下來，寫下四頁的清單，包括成爲一位專業的安排達人所需要的一切，還列出創業的時間進度。二〇一〇年年尾，貝拉珂正式揮別政治圈的工作，創辦了簡單都會工作坊，以她曼哈頓的小公寓爲辦公室，開始協助別人簡化生活。起初，多數客戶是女性。有些是職業婦女，也許想把自家工作室的效率提升到最高，也許想增進工作和生活的平衡。有些客戶面臨人生的重大轉折，像是搬家、換工作、生小孩、結婚或離婚，原本有條不紊的生活大亂，簡直快被壓垮。貝拉珂替他們重新設計實際空間（如辦公室、廚房、櫃子、食物儲藏室、地下室或車庫），也重新設計行程規畫的系統以做好工作管理，使他們的生活從緊繃變成簡單，從緊張變成容易。

貝拉珂很快建立了口碑。一位布魯克林的客戶說：「貝拉珂來到我的店裡，替我整理了亂七八糟的辦公桌，整個煥然一新。她是個非常容易合作的人，對案子的時間確實掌握。她對作業流程所提的建議，我們也很容易照著做下去。畢竟，如果辦公桌之後又會變亂，整理就沒意義了對吧？」大家開始口耳相傳，轉介客戶給她。過沒多久，她就需要雇請員工幫忙。二〇一八年，貝拉珂在佛羅里達州的棕櫚灘小鎮開了新辦公室。

貝拉珂這樣忽然轉換跑道，許多朋友和老同事確實感到一頭霧水。她說：「我有時候會聽到別人說閒話，像是說整理櫃子和在白宮上班差很多。」但她不以爲意，畢竟現在比以前所能想像得到的更快樂。自己當自己的老闆，公司經營得有聲有色，協助客戶過得更好，天天在做自己最有熱忱的工作：從失序裡創造秩序。

貝拉珂知道對她最重要的是什麼，所以能開創屬於自己的成功。

實現自我的關鍵：擁抱你發自內心的渴望與熱忱

「動力」是你這個人情緒的核心。你渴望什麼，還有你不渴望什麼，深深定義了你這個人。

你的個體性很重要，而確保這點的唯一方法就是：擁抱發自內心的渴望與熱忱。當你在做的事情符合內在動力，你會走得很精采、很滿足；如果你搞錯或忽略動力，則會走得有氣無力，甚至放棄再走下去。

眞正確實了解動力，是實現自我的關鍵。原因在於，唯有依你自己的動力行事，才能感覺到眞實、意義與完整。黑馬思維的主要目標，是發揮獨特的自己，而這有賴於釐清你眞正的動力。

這似乎很容易，誰會釐不清自己的動力呢？可惜的是，釐清動力可沒表面上那麼容易，原因出在標準化協定永遠會害你鬼遮眼。

標準化社會的動力化約：一般性動力與普遍性動力

體制並不在乎我們各式各樣的渴望，學校和職場也不是爲了幫你釐清自己喜歡什麼，這種認知跟標準化協定無關。體制對動力的看法很冷冰冰：盡量在耗用最少的精力和成本下，激發愈多人去實現標準化的成功。

體制仗著效率的名義，通常會抹除我們各種不同的熱忱，並化爲「一般性動力」——一個由上往下排定的方向。這個一般性動力有很多不同的講法，包括紀律、決心、韌性、毅力和耐性等，但說穿了，不過是在說「你的個體性不重要」。

在標準化協定下，你要不就是一路走完筆直的大道，要不就是沒走完。如果覺得無聊、煩亂或沮喪，整個體制不會遷就你，也不會爲你改變，而是通常叫你要乖乖認眞拚命！咬緊牙關撐下去就對了！

然而這樣忽略自己的動力，往往只是讓人感到沒有幹勁。一個人待在標準化的組織裡愈久，愈是沒有幹勁。多數人最有幹勁的時候，是他們就讀幼稚園時，之後就每況愈下。一份二〇一六年的蓋洛普調查指出，只有二十六％的五年級學生在學校提不起勁，但有五十五％的八年級學生、六十六％的高三學生在學校裡提不起勁。你也許會想，一旦從學校畢業，踏入職場賺錢，又會開始比較有幹勁了，但同樣一份調查卻顯示，有六十七％的職場人士對工作興味索然。

教育圈確實有注意到這個問題。二〇一四年，《教育週刊》的調查發現，六十％的學校教職員認爲多數學生不是很有動力。你也許會想，教育機構會因此試著了解個別學生的興趣和熱情，但事實並非如此，很多學校只是把單一的一般性動力，改成一小組普遍性動力，希望藉此激發多數學生，認眞用功，好好學習。

比方說，某個育兒網站認爲你該用以下方式激勵孩子：「你該鼓勵健康的競爭。鼓勵你的孩子賽跑贏過別人，還有把拼字比賽的獎品贏回家。」某所中西部大學建議的激勵方式是：「教室的桌椅要擺成U字形，鼓勵學生之間的互動。」某個教育工作者的網路社群著重在「肚子」上，認爲：「孩子們眞的很愛吃東西。無論是五年級或高中的孩子都愛吃披薩。食物是很好的誘因，可以持續用來鼓勵、激勵他們。」

競爭、互動或食物都是普遍性動力，的確有用，乍看也似乎比一般性動力來得要好，但仍只是從**平均**上試圖激勵學生，沒有顧及個別學生的喜好，兩者半斤八兩。它們都是偏向體制而非個人，偏向泛論而非細究，屬於從上而下，不是從下而上。

長久以來，不乏有科學家貿然宣稱找出了某個能激勵所有人的普遍性動力。佛洛伊德宣稱，對性的欲望是所有人類行爲的根源；他的弟子阿德勒強調對權力的普遍欲望；榮格強調對生命的普遍欲望；心理醫師弗蘭克（Viktor Frankl）說，人人渴望意義；心理學家艾瑞克森（Erik Erikson）認爲，人人渴望成長。沒錯，這些都是很普遍而眞切的動力，但就是無法用來激勵所有人。

很多人對競爭躍躍欲試，但也有很多人對競爭興趣缺缺。有些學生在強迫互動的U字形教室會很有動力，但有些學生會感到不自在，不想老被其他同學盯著看。很多學生確實會爲了披薩更認眞讀書，但也有不少學生想到披薩的油膩就不太有胃口。一個人如果不受這種普遍性動力所激勵，可是一點錯也沒有。生理上沒錯，心理上也沒錯，這只不過反映人的動力有千千百百種。

體制想把動力化約得很單一，原因其實不難理解，畢竟這樣事情會容易得多。在標準化的系統裡，個體性是個麻煩。如果一視同仁就容易多了。與其設法了解每個學生偏好的動力，不如挑個標準，以一到十分打分數，也容易許多。

所有標準化組織本即以效率至上，訴諸一般性動力和普遍性動力就是很有效率的做法——至少平均來說還行。但這不利於你的自我實現。這種一視同仁的做法，忽略了你的個人特質。此外，當體制一直要你把注意力放在這些外界灌輸的動力上，你會受到局限，因而不去思索能驅動你的眞正動力。

幸好黑馬指出動力裡的祕密。

最關鍵的一步：知道自己到底熱愛什麼

貝拉珂受到組織事情的欲望所驅動，這就是一個很具體的動力。但如果我們深入探究，還可以鎖定得更具體。眞正讓貝拉珂熱血沸騰的是整理**實際空間**。她說：「我最喜歡的是整理公寓或辦公室，把廚房打理得井井有條，把食物儲藏室整理得井然有序。我確實喜歡建立一套系統或程序、組織整理在視覺上的效果，也喜歡尋找某個室內適合設置的用品。但說到底，我最愛的是整理實際空間。當我整理自己的櫃子時，感覺眞是好極了。」

整理櫃子看起來只是奇怪的小癖好，不是什麼冠冕堂皇，甚至是支持一個人往前邁進的人生動力。然而，貝拉珂正是靠著這個非常個人的「**微動力**」活出眞實自我，取得亮眼成功。

從黑馬們的故事，我們可以看到很具體的微動力。以施蜜絲（Dianna Smith）爲例，她熱愛辨別與分類生物，如今她是享有盛名的蕈類學家，擔任先鋒谷蕈類學會的首席鑑別師，常受邀鑑別不知名的蕈類。施蜜絲表示：「我的專精領域是美國東北部蕈類。我看到一個蕈類就知道品種，講得出很多背景知識，像是它喜好的生長環境，還有在地下或木頭上的生長狀況等。」

哈特菲爾德（Pamela Hatchfield）喜歡跟文物建立很切身的關係，她如今是波士頓美術館的文物保存部主任，最近才剛負責把美國開國先人保羅．列維爾和山繆．亞當斯埋在麻州議會大廈裡的時間膠囊挖出來，那可是全美數一數二古老的時間膠囊。「對待文物，有點像是在建立很孤獨的個人關係。」哈特菲爾德說：「你會跟同事交談、讀別人的研究，藉此了解一個文物是用什麼材質、又是怎麼做的，以及這些材質如何隨著時間而逐漸出現損傷。但接下來，你會跟那文物有非常親密的互動。這對我非常有意義，非常重要。」

不過這段話仍沒有道出最具體的「微動力」。施蜜絲喜歡辨別、分類生物，但那個生物是她能撿起來的，能拿在手裡給別人看的，所以後來她是受到蕈類所吸引。

傑馬利諾（Alvaro Jamarillo）跟施蜜絲一樣，也喜歡辨別、分類生物，但他感興趣的生物要會動、會躲，要五彩繽紛。如今傑馬利諾是位專業的賞鳥家。他回憶說：

「我向來喜歡鳥，可是我進入生物學博士班時，教授說鳥類沒什麼意思，叫我去研究厄瓜多的切葉蟻。我深入叢林裡，發覺我對螞蟻實在不感興趣，成天只想觀察四周的熱帶鳥類。最後我明白了，我就是喜歡鳥類。我對螞蟻的研究工作無精打采，反而更喜歡賞鳥以及跟學術圈外的人談論鳥。」最後傑馬利諾遵循對自己最重要的事，從博士班休學，創辦了頗爲成功的傑馬利諾探險旅行社，帶客人到全球各地賞鳥。

哈特菲爾德的微動力也很具體：她想建立關係的是**立體**的文物，像是陶器、面具和小雕刻，至於圖畫或照片等**平面**的文物她則沒那麼有興趣。她解釋：「對我來說，平面的東西比較像是複製品，立體的東西更像是創作。」不過另一個文物保存家艾莉絲（Margaret Holben Ellis）的微動力則恰恰相反。艾莉絲個人的興趣從她的學術頭銜就看得出來：紐約大學藝術所尤金．托爾**紙類**保存教授。她自稱：「我是個平面控。」艾莉絲熱中於保存十七世紀的蝕刻版畫、中世紀的手稿，以及古埃及的莎草紙。這些文物的保存工作風險很高，一舉一動都要很小心。在紙張上，一有差錯通常就難以挽回，因此需要高度專注、留意細節，還需要對紙質有深入了解。不過艾莉絲熱愛紙類文物還有另一個也許是最切身的原因：「我想到偉大藝術的時候，想的是平面的作品：林布蘭的版畫、杜勒的版畫，還有霍默的水彩畫等。我光是看一張空白的紙，都有畫面歷歷在目。」

微動力可以分得很細。賞鳥家傑馬利諾喜歡的是**視覺**，欣賞鳥閃逝而過的繽紛。相較之下，美國賞鳥協會旗下主要刊物《賞鳥》雜誌的編輯佛洛伊德（Ted Floyd）則是熱愛**聽覺**，欣賞鳥的叫聲。他能精確分析鳥鳴，甚至一聽到鳥在叫，就能畫出鳥鳴的波形，跟儀器畫出來的波形一模一樣。對佛洛伊德來說，以鳥鳴辨別鳥類非常有意義：「鳥的外型很眞實，但鳥的叫聲也很眞實。無論是眼睛裡的光子，還是耳蝸裡的空氣分子振動，都代表這個現實世界，令我很著迷。」

梅西爾（Paul Messier）是另一位文物保存家，他喜歡平面的文物，也就是照片。他是耶魯大學鏡頭媒體研究室主任，也是聖彼得堡冬宮博物館照片保存計畫的共同負責人，但不像艾莉絲或哈特菲爾德是受自己跟文物的個人關係所驅使，梅西爾是因爲偵探工作的需求。他是辨別照片眞僞的佼佼者，擅長揪出僞照，在國際間享有盛名。爲了妥善辨別照片眞僞，梅西爾還建立了全球最大的照片蒐集中心。

另一個喜歡平面物品的專家是克拉克（Keith Clarke）。他從小深受平面的地圖吸引。克拉克跟其他平面文物的保存家有類似的愛好，例如喜歡眞實的色彩、清晰的線條和視覺的結構等，但讓他最著迷的是**資訊**——地圖清楚完整地呈現了概念和資料。如今，克拉克是蜚聲國際的地圖繪製師，也是數位地圖製作的先驅。他探索更複雜、抽象的資訊表現方式，做出對冷戰時期衛星影像的重要研究，還分析冰河的移動、發現考古遺址的地點、繪製出巴西消失的林地，以及鑑定全球最古老的地圖。

普遍性動力在談「競爭的渴望」或「創造的渴望」時顯得空泛，黑馬則展現他們具體的喜好和興趣。如果想實現自我，你需要知道自己**到底**熱愛什麼——而不是別人認為你喜歡什麼。正因如此，**知道你的微動力**是黑馬思維的第一步，也是最關鍵的一步。如果你不顧自己，卻迎合「標準化協定」的喜好，那可不太妙。

問夏比羅（Saul Shapiro）就知道了。

生計結合天性，才能樂在其中

夏比羅有著看似不尋常的微動力：他喜歡動手把東西擺正。每當夏比羅看到東西歪歪的，例如購物推車的輪子歪了、畫框歪了，他就非得擺正才行。你不會把這種衝動列為普遍性動力，但對他來說，這股衝動就是如此真實、強烈，又如此切身。

在大學期間，夏比羅最有實現自我感覺的經驗，出自木工設計課。當時教授叫大家用手把木頭切割爲球形。夏比羅對這個作業十分著迷，他把木頭切割爲粗略的球形之後，放在袋子裡，一整天上哪去都帶著，手時不時就伸進袋子裡，摸摸看是不是有哪裡不平滑，然後用砂紙磨平。像這樣去除不完美的地方，讓夏比羅感到很開心。夏比羅交出木球時，教授非常驚訝，他仔細檢查整個球面，不相信夏比羅沒有靠機器幫忙。夏比羅連忙向教授解釋他是怎麼做到的。教授說他從來沒有看過這種事，夏比羅磨出來的木球太完美了。

你也許會想：**是不錯，但……唔……什麼職業會用到這種癖好**？答案也許會讓你大吃一驚：專精齒顎矯正的牙醫就是一例，這工作就是把歪歪的牙齒變整齊。另一個則是夏比羅選的職業。一九八〇年代，某家公司聘夏比羅擔任技術人員，負責解決一個棘手難題：打造一個接頭，把老舊銅線的電子訊號傳換爲光纖的雷射訊號。難處在於，這需要把跟沙子一樣小的半導體晶片，準確對接在細如髮絲的光纖上。夏比羅進入公司時，無論在他們公司或其他地方，沒人有辦法做好這個關鍵工作。但對他來說，這問題激發了他的微動力，讓他獨自打造出了接頭。

後來通訊產業廣泛採用了夏比羅的接頭。他說：「有一段期間，只要你是用史普林公司（Sprint）的線路在通話，大概就是透過我的接頭。」

公司靠著夏比羅大賺一筆，他卻只拿到一點點錢。那時他雖然做技術工作做得很快樂，卻第一次質疑起自己的選擇：「我看那些有企管碩士學位的傢伙在做簡報、擔任管理職務，賺的錢比我多得多。於是我開始想著，也許我該跟他們一樣。」

所以夏比羅放棄走技術這條路，跨入中階管理的領域。老實說，這不太符合他的微動力。他既不喜歡監督別人，也不喜歡靠別人把事情做好。雖然他是個好相處的人，但也沒有多喜歡交際應酬、發表簡報和說服別人。在夏比羅擔任主管的期間，舉凡動手修理裝置、計算、獨立工作和把東西排好等符合微動力的事項，幾乎都不是由他來做。他放棄了自己眞正感興趣的工作，拿去交換兩件事：一個是更好的收入，一個是在公司裡更大的話語權。

夏比羅從麻省理工學院史隆管理學院取得企管碩士學位，接下來十六年在許多媒體和科技公司擔任中階管理職，浮浮又沉沉。五十歲時，他曲折又不太快樂的主管生涯來到了盡頭，他第一次找不太到公司願意聘用他。

可惜的是，夏比羅無法回到原本的職涯之路了。他已經有二十多年沒從事過技術工作，在這段期間，蓬勃發展的網路科技完全改變了這個領域，他的技術根本過時了。五十歲出頭的他，替稅務諮詢公司 **H&R Block** 擔任稅務員，也在一間小小的線上稅務公司負責拉客戶，難以掌控人生，又賺不了多少錢，但賺錢明明是他當初轉換職涯的原因。

這時夏比羅來到了轉捩點。

他知道有一件事對他很重要，那就是要當自己的老闆。可是他不想從頭創業，畢竟他對行銷不太感興趣。於是夏比羅心想，也許他可以加入證實可行的商業模式，例如加盟某家連鎖事業。

他跟一個加盟仲介碰面，對方給他看紐約周邊各種可以加盟的事業。一個是老人服務公司，他壓根沒興趣；一個是求職仲介，但他完全不想雇員工。然而，一個意外的加盟事業映入夏比羅的眼簾，勾起他的興趣。

那就是：沙發維修。

夏比羅沒多少相關經驗，但立刻知道，如果想在沙發維修這一行成功，必備技能是把現有布料、材質和顏色精準配對。這是他會喜歡的工作。

他不需要監督員工，完全能靠自己「一手包辦」。他靠雙手工作，還能立刻看到成果，這也很重要。此外，他可以在家開業，不必開店，反正他是到客戶的住家或辦公室進行維修。還有，他可以騎車全城走透透，這他也很愛。

二〇一三年，夏比羅在曼哈頓加盟了自己的沙發維修公司。如果你曾修補過角落磨損的祖傳扶手椅、去除皮沙發上的汗漬，或是修補汽車座椅的破洞，就會知道凡補過必留下痕跡。然而他對這份工作非常有熱誠，所以功力愈練愈精湛。

夏比羅技術很好，客人源源不絕，給他很好的評價。他的客戶包括百老匯劇院、時代廣場的旅館、影視名流和產業大老。二〇一五年，《紐約》雜誌提名夏比羅爲全城最佳的皮沙發修補好手。

「跟我很熟的人都覺得，現在的我比以前快樂。」夏比羅說：「我幾乎每天工作都樂在其中，收入也挺不賴的。到最後，我終於知道該怎麼讓生計結合我的天性了。」

善用評判遊戲，找出自己的微動力

就算認同「知道你的微動力」的價值，想確認微動力通常很難。畢竟，微動力又沒有用標籤標示著。幸好你可以善用一個每天都有的直覺反應，找出暗藏的微動力。

我們稱之爲「評判遊戲」。

過去這一週以來，你評判了別人多少次？你評判的對象可以是同事、電視上受訪的人，或和你在店裡一起排隊結帳的人。我們認為是在評判他人的同時，其實也洩漏了你的內心。

微動力是種強烈而持久的感受，深藏在無意識裡，包括細微偏好、清楚欲望和私密渴望。在評判遊戲中，目標是善用你對別人的直覺反應，抽絲剝繭地找出你的微動力。

評判遊戲有三個步驟。第一，意識到你在評判別人。我們一天到晚在評判別人，這是人類天生的反應，對象包括郵差、警察、按摩師、鄰居、店員，或是在推特上針砭時政的人。只是現在，你需要意識到你**什麼時候**在評判別人，並且還要有意識地留意你的反應。

第二，辨別你評判別人時的感覺。你怎麼知道何時能發現微動力？那就是在你有強烈反應的時候。那感覺可以是正面或負面，可以是稱揚或譴責，反正有感覺就對了。請記得，你是在設法直探自己真實的情緒核心。

第三，問自己**為什麼**有這些感覺，要誠實回答。知名物理學家理查．費曼說得很好：「你千萬不要騙自己——自己是最好騙的。」留意看看，如果你跟你評判的人交換人生，你會喜歡什麼？討厭什麼？舉個例子，假設你看著名人受訪，心想：**追逐名**

利的人怎麼有辦法眞正快樂？那麼對你來說，名利大概就不是一個很強的動力。另一方面，也許你對夏比羅的故事是這樣想的：**拜託，這傢伙只是個修沙發的，別講得他有多成功的樣子！**那麼你也看見了自己很重要的一面：地位和讚揚對你很重要。這樣也好，這就是你。爲了實現自我，你必須知道什麼能點燃你心中的烈火——不管那是什麼都好。

要記得，評判遊戲並不是要高高在上地數落或稱許別人，重點完全不在**他們**。你不必故作客觀，那樣就錯了。遊戲目標是要利用你強烈的情緒反應，發現心中暗藏的欲望。

標準化協定主宰一切，根深柢固，因此評判遊戲最難的地方在於，我們容易認爲自己**應該**依循某些普遍性動力，卻忽略了自己眞正的動力。不過，只要你夠留意，夠具體去探討，終能突破這個難處。假設你在評判一位國家公園管理員，剛開始也許會想：**整天待在大自然裡一定很讚！**假設你在評判一位討債員，第一個反應也許是：**哎，我也好想去追那些欠債不還的人，逼他們把錢吐出來！**但別只停在這裡，要繼續想下去，愈深入愈好。你在評判國家公園管理員時，或許也會想到：**雖然成天待在戶外還不賴，但這工作好像還眞是孤單，我大概無法天天做這麼孤單的工作**。現在你發現了兩個可能的微動力：一個是親近大自然，一個是有人作伴。你在評判討債員時，試著分辨哪個比較讓你熱血沸騰：是追蹤欠債的人，還是逼他們交錢？你的幹勁是來自追捕東躲西藏的人，還是來自伸張正義？

在「知道你的微動力」方面，你要了解得愈仔細愈好。

從評判別人而非評判情況開始著手，通常比較容易。原因在於，評判別人能對你的大腦自動激起強烈情緒，評判情況（尤其是熟悉的情況）則需要主動花比較多力氣。不過一旦你駕輕就熟，也可以開始評判各種情況。

無論你是碰到嶄新的情況，還是日常的情況，試著留意你**到底**喜歡或討厭哪些地方。假設你是個學生，覺得數學課很無聊、很討厭，那麼就要探究這種情緒的明確來源。來源幾乎不會是「我討厭數學」這麼簡單。是不是老師講話令人昏昏欲睡，你寧可讀課本？是不是你覺得其他同學坐得太近，需要更多空間？是不是你無法長時間保持安靜，很想跟別人講話？是不是你寧可聽實例，不想聽算式？每個反應都反映了迥異的微動力。

留意情緒反應，生活的各個層面都有助於了解自己。

評判遊戲需要花些時間練習，但遠比標準化協定下的標準化測驗來得可靠和有效。相關學者提出數百種性向測驗或職業測驗，每年供雇主和老師用來測驗千百萬名職員和學生。無論出題的人著重在哪個方面，這類測驗都不是設計來幫助你發現自己獨特的動力，而是決定你跟特定領域的「平均答案」接不接近。職業測驗頂多測出普遍性動力，甚至只測出一般性動力。

此外，這些標準化測驗都會忽略或誤判一個關鍵層面：相互矛盾的動力。例如你既想身邊有人，又想獨自一人。

如果你相信諸如堅持或毅力等單向的動力，其他矛盾的動力就說不通了。如果你既想做，又不想做，談毅力有什麼用呢？但當你眞正相信微動力可以很多元，連最矛盾的動力都能理出一套道理來。

善將互相衝突的微動力，化為人生的燃料

金竇（Kim Dau）在亞特蘭大郊區的羅斯維爾長大，他的父親是一九七五年西貢陷落後搬到美國的越南難民，母親則出生於美國一個虔誠天主教的家庭，父母都還算嚴格，認爲讀好書最能賺大錢。金竇說：「在學校表現得好對我來說非常重要。我聽

能替產婦重拾尊嚴與自主。

金竇提起英國搞笑天團蒙提・派森的喜劇電影《脫線一籮筐》，其中一段劇情反映了她對現代婦產醫學的新觀點。在電影中，克里斯和查普曼飾演婦產科醫師，兩人到產房接生，產房裡有很多巨大的儀器，但查普曼抱怨「怎麼儀器那麼少」，然後對護士嚷嚷：「各位護士，麻煩多推些儀器進來！」護士們匆匆忙忙地推了一堆嗶嗶響和閃亮亮的儀器進來，產房跟太空梭駕駛艙沒什麼兩樣。

克里斯很滿意地說：「這樣好多了，好多了。還有少什麼嗎？」兩個醫生環顧四周，然後異口同聲地說：「少了產婦！」

護士從成堆儀器的後方發現了那個產婦，兩個醫生把她老公趕了出去（「只有相關人員才能待在這裡！」），產婦問她該怎麼做，他們倆叫她乖乖安靜別講話（「噓，小姐，妳沒受過生小孩的訓練！」）接著在護士們的注視下，查普曼迅雷不及掩耳地把嬰兒拉了出來，抱在產婦面前稍微晃一晃，然後大喊：「給她上麻醉！」護士把嬰兒推了出去，查普曼向逐漸失去意識的產婦保證，之後她可以在家欣賞自己生產過程的影片。

金竇明白，她想讓產婦對自己的身體和生產過程更有主控權，接生的人員也應該要更關心產婦和胎兒。金竇想成爲一名護理師兼助產士，這個目標結合了她許多的微動力。生產過程涉及複雜的生理系統，也是她天生很想探索的領域。她想參與體制的渴望同樣能獲得實現，因爲此時的她還是很想成爲醫界的一分子。金竇還有另一個矛盾的渴望，就是像多莉．艾莫絲等歌手極富政治意味的歌詞那樣，改革體制。她還對替代醫學頗感興趣，而成爲護理師兼助產士也能滿足這個想望。她說：「我眞的認爲成爲護理師兼助產士能讓世界變得不同，並帶來有意義的改變。」

從杜克大學畢業後，金竇錄取了加州大學舊金山分校的護理研究所，跨出成爲護理認證助產士的第一步。她延後一年註冊，利用這空檔四處走走，在北美多處有助產士的醫療機構實習。但她孩子氣的「反叛」態度，讓她在這一年花了大把時間向專業認證助產士討教，而不是向護理認證助產士學習。專業認證助產士在很多州都不被承認，通常無法在主流醫療機構任職，因此比護理認證助產士更有一種反抗既有體制的心態。金竇從他們身上深深體會到另一套不同的觀點與文化。

金竇在墨西哥、新墨西哥州、德州、奧勒岡州和華盛頓州的醫療院所實習，最後回到舊金山讀護理，取得護理助產和婦女健康的碩士學位。之後她考取護理認證助產士的資格，返回杜克大學醫學中心，在麥當娜底下工作。當金竇開始從事接生工作時，她注意到她的微動力中出乎意料的細微層面。雖然她眞心尊敬「接生」這份工作，卻很快發覺自己對大幅改變醫療體系更有興趣——她想讓整個體系尊重產婦的自主權，更關切產婦一家的健康、幸福和尊嚴。她依然對複雜系統感到興趣，而善用這種興趣的最佳方法則是投入法律系統。

「我在沙加緬度推動接生和助產的法案。」金寶說：「一個法案觸礁，一個法案還在辯論當中，另一個法案則是順利通過。」

如今，金寶是加州大學舊金山分校護理助產中心的主任。這是最能讓她實現自我的工作，她負責教育下一代的助產士，他們會進入醫療單位，各自促成改變。她也是加州護理助產協會醫療政策委員會的委員，持續推動助產相關法案。二〇一三年，她得到美國護理助產學會的公共政策獎。二〇一四年，她得到加州護理助產協會的衛生政策獎。

金寶的人生既忠於自我又很有成就。弱勢的助產士尊敬她，主流醫界也尊敬她；象牙塔裡的學術圈尊敬她，在第一線奮戰的人員也尊敬她。雖然從標準化的觀點來看，金寶顯得猶疑不定，卡在兩個相反的目標之間；但是從她自己的觀點來看，她善用了互相衝突的微動力，並將它們化爲人生的燃料。

調和不同微動力，打造可長可久的熱情

在西方社會，我們常聽到要**遵循你的熱情**。根據這個觀點，熱情是源自內心深處的能量，是一種單一方向的力量，就像地球的磁極永遠指向北方。我們無法讓熱情順應我們的人生，只能讓人生順應熱情。

這種觀點和標準化協定非常契合。標準化協定正是希望人人朝著單一方向前進。標準公式是，你需要知道目的地。如果你能把熱情統整到一個熾烈的方向，那就只要再選擇一個契合你的熱情、遙遠的職涯目的地就好。比方說，如果你對醫學有熱情，就朝著醫學院的階梯爬上去；如果你對電腦有熱情，就設定一條通往矽谷工作的求學之路。

黑馬思維反對這種觀點。對黑馬而言，熱情不僅有很多方向，還會變動。關鍵是由你掌控。熱情不是用來遵循的，而是可以**打造**的。

打造熱情的關鍵不是遵循心裡最熾烈的一股動力，而是妥善調和許多不同的動力，愈多愈好。找出愈多微動力加以善用，你的人生就愈能與你的興趣相結合。貝拉珂的熱情是以整理東西為專業，這樣說雖然沒有錯，但卻忽略了她還有其他不同的動

力。貝拉珂對工作很有熱忱的原因在於，工作實現了她的各種渴望：她渴望整理實際空間，渴望幫助別人（尤其喜歡幫助在家工作的職業婦女），渴望每天做不同的事，渴望自己做自己的老闆，還渴望打造一個能成長和改變的事業。這些微動力結合爲她熾烈的熱情。

對黑馬來說，熱情是噴槍。你可以選擇某個微動力，把噴槍點燃，但也隨時可以找到新的微動力當燃料，讓噴槍燒得更旺。

遵循熱情不用花多大力氣，打造熱情則比較辛苦，需要你認眞地深入探索自己——但報酬很可觀。

當你知道你的微動力，熱情就變得無比有彈性，不同機會能啓動不同的微動力。這讓你的熱情有了標準化思維下缺少的一個關鍵：**可長可久**。

雖然動力深埋心中，得以延續長久，但仍會隨著時間轉變。某些微動力在你二十歲時最是耀眼燃燒，在你五十歲時也許就沒那麼熾烈。至於「打造熱情」的概念則具有彈性，你可以尋求新的機會，善用新的微動力，加以調整。維修沙發和電子工程看似無關，但在夏比羅眼中，這兩個工作背後都有相同的微動力，包括排列實物、動手實作和獨力工作，只是結合爲不同的動力。相較之下，假設你把電腦當成人生的熱情所在，努力在電腦產業裡往上爬向標準化的成功，有一天卻發現坐在電腦螢幕前面工作的吸引力消散了，這時標準化協定就不容易救得了你。

自行打造熱情還有另一個更根本的好處——它不僅能穩穩帶來幹勁，也讓你眞實做自己。當你擁抱自己的各種微動力，就像在土裡插一根桿子，向世界宣布：「這就是眞正的我。」

第三章

清楚你的選擇

命運無關乎運氣，而是關乎選擇。命運不是用來等待，而是用來成就。

——威廉・布萊恩（William Bryan，美國政治家）

「我選擇找出真正的我，我選擇做出自己的決定」

蘿潔絲（Susan Rogers）是波士頓伯克利音樂學院的教授，身兼音樂感受與認知實驗室的主任。她非常喜歡跟校內學生共事，稱他們為「世上極有才華的年輕音樂家們」。學生也喜歡她，她是校內極受歡迎的老師，贏得了二〇一二年的優異教學獎，原因顯而易見：她為人慷慨大方，樂觀謙虛，講話很誠懇、坦率。

如今，蘿潔絲擁有人人稱羨的職位，很多理工學生都希望有朝一日像她一樣，主持大學實驗室。然而跟大家想像中的不同，蘿潔絲並不是走在學術圈標準的成功之路上，而是從曲折的岔路走來。

蘿潔絲十四歲時，母親因癌症過世。以除蟲為業的父親在加州小城裡一手扶養她和三個兄弟長大，她一肩挑起打掃和煮飯等家事。後來父親再婚，家中氣氛緊繃，時常爭執口角，家事又多又累。蘿潔絲想從中逃開，於是從高中休學，跟二十一歲的男友結婚。「我就是想逃出去。」蘿潔絲回憶道：「我想結婚能讓我對自己負起責任，還有一個年紀比我大些的男生保護我。當時的我沒發覺這樣想有多麼天真。」

蘿潔絲的老公很善妒，如果他懷疑蘿潔絲在看其他男人——而且他還常常這樣懷疑她——就會暴跳如雷。蘿潔絲持續面對家暴，只好從音樂裡尋求慰藉。

從有記憶以來，蘿潔絲就深深喜歡唱片上的旋律。她的喜好很廣泛，很多搖滾樂和藍調都愛聽，但最愛詹姆士．布朗、馬文．蓋伊、史提夫．汪達和史萊．史東這樣的樂手。「靈魂樂是我的定居之所，」她解釋道：「靈魂樂是我的共鳴之聲。」

你大概猜想得到，蘿潔絲的老公也嫉妒起她對音樂的愛好。他會把唱片藏起來，甚至一不做、二不休地索性弄壞掉。連在戶外，他也不放過她。蘿潔絲回憶說，某天晚上她在洛杉磯論壇體育館聽齊柏林飛船的演唱會：「我跟幾個工作上的朋友一起去聽，整個是我安排的。雖然我先生勉強同意我去，卻要求我必須在十點半之前回家。演唱會拖到九點才開唱，十點時，我明白這場演唱會是我這輩子超棒的一次體驗。如果離開的話，不僅會錯過這場絕妙的體驗，而且還很丟臉，好像我是三歲小孩一樣。可是如果我繼續待下去，他可能會一拳揍上我的臉。」她深深嘆了一口氣：「我選擇不要被一拳頭揍在臉上。」

但就在蘿潔絲離開體育館時，忽然一陣情緒冒了上來。她對自己許下承諾。她跟我們說：「我知道這樣很像《亂世佳人》裡的郝思嘉，但我是說真的。當時我往上凝視體育館的屋頂，向上天發誓，有一天我會回這個體育館做混音工作。」

這是個完全突如其來的誓言。蘿潔絲跟音樂產業一點關係也沒有，對混音根本一無所知。她頂多只是個會去演唱會和聽唱片的熱情歌迷。當時，蘿潔絲在生醫工廠工作，把心臟瓣膜縫在之後會用來移植進心臟病患的體內血管支架上。她沒玩音樂，根本也沒碰過樂器，壓根不知道怎麼成為混音師，只對混音師有著模模糊糊的概念。

當然，蘿潔絲的老公成天朝著她對音樂的喜好潑冷水。那場齊柏林飛船的演唱會剛過不久，某天，她坐在桌旁信手塗鴉，沒有特別在畫什麼。她老公突然走過來，臭罵道：「妳乾脆畫一根搖滾巨星的大肥屌，好好哈棒一下算了。」

這是蘿潔絲的轉捩點。

她老公先前絕對罵過遠比這個更難聽的話，但在這個時刻，所有痛苦和憤怒全從她心裡冒了出來。「那話好髒，好爛，好可恨。」她說：「然後他就轉身走掉了。那時我心想：**喂，老娘是有選擇的**。」

蘿潔絲起身拿了皮包，走出前門，一直走一直走，走過長灘的街道，最後住進一間汽車旅館，沒有再回家。一週後，她提出離婚。

「我選擇找出真正的我，」她說：「我選擇做出自己的決定。」

選擇：展開行動，把熱情化為目標

選擇讓你自己展開行動，把熱情化爲目標。

個人化時代日漸到來，我們擁有的選擇大幅變多——至少消費購物上是如此。僅僅三十年前，美國的電視大多只有四個頻道，包括美國廣播公司、國家廣播公司、哥倫比亞廣播公司和福斯電視臺，如今美國有線電視營運商提供了六百多個頻道。當年汽水只有可口可樂和百事可樂兩個牌子，現在彷彿每次去便利商店都會發現新的礦泉水品牌。不過這些跟網路購物相比只是小巫見大巫，光是亞馬遜就販售了超過五億種商品，連最有錢的消費者買到手軟都還買不完。

我們活在消費選擇的黃金時代，但提到人生的重大決定，例如求學和職涯，卻跟一百多年前沒有多大的區別。這是因爲，標準化協定從你手中剝奪了有意義的選擇，再穩穩交到體制的手上。畢竟這是標準化的重要前提：把決定權從職員和學生手中拿走，交給主管和校方，以提升系統的效率。

「跟別人一樣，但做得更好」不是在提倡個人的選擇，恰恰相反。標準化的教育系統不讓你選擇課程長度、教學方式、教科書、學習步調，甚至不讓你選擇要修哪些課；在大多數情況下，你也不能選擇授課老師、班級人數、上課時間，以及修課的學費。多數教授（包括醫、理、工、法等所有最賺錢的學科）要求你在學業上過關斬將，取得特定的成績和資格，他們才開始考慮雇用你。商界也沒好到哪裡去，「企業階梯」這個詞可不是講假的！在大型企業裡，你唯一的選擇就是：要嘛晉升，要嘛走人。事實上，「晉升或走人」在許多產業都是正式規定，包括學界、會計、管理顧問、軍方、外交和多數矽谷公司都是這樣。

這就是標準化協定如何靜靜地消滅你獨特的自我，最有效的方法——剝奪你選擇的機會。

我們不是在選擇，而是在被挑揀

當我們批評體制在扼殺個人的選擇，他們通常會指出你確實擁有的許多選擇。看吧：你可以選擇要讀哪一所大學！你可以選擇要主修哪個科系！你可以選擇要怎麼靠文憑走出下一步！

在標準化協定下，這些無疑是你所做的極重要的決定。但這些要稱爲**選擇**有點勉強，與其說是**選擇**，不是說是被**挑揀**。

雖然你照理說能自由選擇要讀密西根大學或是北卡羅萊納大學，但這完全取決於哪些大學願意錄取你。你不是在**選擇**要讀哪所大學，而是從錄取你的大學裡**挑揀**出一所。前者是用整間超市有賣的食材選擇晚餐要煮什麼，但後者卻像從餐廳的菜單裡挑揀要吃哪道主菜。

選擇是一個**主動**的行爲。你有選擇的自由，可以自己創造甚至沒有人考慮過的機會。挑揀則是一個**被動**的行爲。你挑揀一個別人給的選項，等於是別人替你眞正做了選擇，你只是從他們替你準備的巧克力盒裡挑一顆來吃。

很多人甚至跟你說，減少自主和選擇是爲了你好。最近我們有一場演講，跟教育圈人士談個人化學習，講到一半，一位知名大學的行政人員起身抗議道，給學生更多選擇根本太過理想主義：「你們有在教大學生嗎？你們不能給他們更多學習上的選擇，否則他們會選擇什麼也不學！」

爲了支持他的論點，他提出「選擇的癱瘓」（the paradox of choice）這個現象，或者說是「洗髮精難題」。他說，研究顯示，人若需要從一大堆選項裡做選擇，往往會無所適從，僵在那裡。他要不是隨便選個最搶眼的選項，要不就索性不選：「叫學生在學習上做選擇，不加多少限制，就像叫他們從架子上一百種品牌的洗髮精裡選一瓶出來，多數學生會隨手拿起最便宜的那瓶。更懂的消費者會選《消費者》雜誌所推薦的最佳品牌，因爲如果你有一大堆選項，最聰明的做法無非是讓最權威的人告訴你哪個最好。」

他說得對嗎？或者說，「洗髮精難題」有沒有別種解法？

你比體制更了解你自己

如果你是一隻鳥，你會選擇住哪？亞馬遜盆地的熱帶雨林？緯度很高的青藏高原？明尼蘇達州淒冷的湖邊？選項這麼多，要做出選擇還眞是非常棘手。不過如果你是一隻鳥，做選擇一點也不難：你是**哪種**鳥，就選哪種棲地。

如果你是企鵝，就選有很多可口小魚的嚴寒海濱；如果你是蜂鳥，就選有很多花與花蜜的溫暖地方；如果你是遊隼，就選有峭壁的山區，可以在制高點築巢，便於撲下去獵捕小鳥。各種大大小小的鳥都會根據自身需求和偏好，選擇合適的棲地。

這就是個體化研究所謂的**契合**：個人和環境要能夠搭配得上。契合是洗髮精難題的解方。

沒錯，如果你不知道自己要什麼，不知道自己是個什麼樣的人……從一百種洗髮精裡做選擇的確困難。然而你愈知道自己的需求與偏好，也就愈容易選到最適合的洗髮精。如果你髮質偏油，有染髮，頭皮會癢，只用天然成分，那麼你也許會選控油洗髮精。如果你頭髮乾澀受損，毛躁亂捲，需要高維生素的保溼成分，那麼你也許會選有機乳木果油修復滋養款。如果你有頭皮屑，只想用便宜有效的洗髮精，不需要花香或果香，那麼你可以挑抗屑型。就算只是選洗髮精這麼簡單的事情，你個人的特質還是很重要。

然而體制解決洗髮精難題的方法不是這樣，而是由上面的人決定哪個牌子的洗髮精平均來說最好用，甚至哪個牌子的洗髮精可以最輕鬆便宜地供貨，然後叫你必須使用那個牌子。就算他們多給你幾個牌子選，也沒好到哪去。說到底，這種系統是由上面替下面做決定，獲益的是體制而非你。

選擇的真正力量在於，尋找最符合你微動力的機會，然後加以選擇。選擇的力量能用來激發**目標**——帶來自我實現。如果你能依自己的特質尋找不同選項，或許會發現沒人注意到的機會。

遊隼適合不少種棲地，例如加州的海濱峭壁、中亞的興都庫什山脈，以及澳洲的南部高原，但還有另一個非常出人意料的合適棲地，那就是紐約的曼哈頓。紐約有櫛比鱗次的摩天大樓，遊隼可以安穩築巢，物色底下公園和街道的獵物，城裡的鴿子、椋鳥、烏鶇和冠藍鴉任由遊隼享用，沒有其他猛禽會搶食物。當遊隼遷徙進城裡，連鳥類專家都大爲訝異，但原因實在是曼哈頓的玻璃帷幕大樓非常適合遊隼。

如果你能替自己的學習、工作和生活做選擇，就像是找到合適棲地的遊隼。你也許適合喜馬拉雅山，也許適合華爾街，也許兩者都適合，唯一的確認方式是自己主動做出選擇。如果靠別人告訴你適合什麼，或是盲目遵循筆直的大道，最後很可能會來到錯的目的地。正因如此，黑馬的第二個思維是**清楚你的選擇**。

沒錯，整個體制也許比你更懂天文學、景觀設計或音樂，但你比體制更了解**你**，而各個黑馬的故事，證明這份了解遠遠更具威力。

「我只是走我自己的路」

蘿潔絲離開老公之後，第一次眞正有機會依其自身特質選擇職業之路。那時她不想回去學校，也不想繼續在工廠工作。這些選擇也許適合某些人，但她最有興趣和動力的是音樂。她有機會走音樂的路嗎？

爲了找出答案，蘿潔絲檢視自己不同的微動力。很多喜歡音樂的年輕人夢想要成爲搖滾明星，但她則不然。她對唱歌興致不大，對學樂器缺乏熱情，更不想在臺上對著一大群觀衆演出。另一方面，經過這些年照顧家庭和先生的經歷，她知道自己很喜歡照顧別人，只是討厭別人不把她的付出當一回事而已。如果別人注意到她的付出，感謝她的辛勞，她就很心滿意足。

蘿潔絲也對研究小東西有興趣。她喜歡把器具和機械拆開來，研究各個部分對整體功能的影響。她更小的時候，會把能講話的洋娃娃拆開來，研究裡面小小的播音裝置。她覺得小盒子裝的唱片很有意思，樂曲竟然能「寫在」塑膠表面上。後來在生醫工廠裡，由於她能把心臟瓣膜精巧地縫在血管支架上，因此晉升爲小組的主管。雖然她從中學輟學，卻始終對科學很感興趣，因爲科學著重於探索事物運作的原理。

蘿潔絲過去在洛杉磯論壇體育館脫口而出說要做混音的主因在於一張專輯：雪兒與桑尼的《看看我們》。專輯封底是一個男子，坐在錄音控制檯前面，註明爲「錄音師」。

「我第一次看到那張照片，心想**我可以當這個人**。我不知道各個按鍵是幹嘛的，但能想像我操作得駕輕就熟的樣子。」蘿潔絲描述著自己版本的評判遊戲：「那時我正在思考著要做什麼。那張照片讓我靈光一閃，我想如果我是在錄音室操作那設備，會很如魚得水。操作設備很有意思，還能協助樂手。」

一九七八年，蘿潔絲決定設法成爲錄音師。可惜正規的道路窒礙難行。她可以上一年學校，取得文憑，然後到某個錄音師底下見習。好消息是，這條路上最好的學校聲音藝術大學，就位於好萊塢的日落大道，離她家近在咫尺。校內有些老師自己就是錄音師，爲了多賺一點錢在學校裡兼課，平時則替洛杉磯各大樂團錄音，而洛杉磯堪稱是全球音樂產業的首都。但壞消息是，學費要三千美元，她付不出這筆錢。

更糟的是，在音樂產業裡，錄音師幾乎都是男性。蘿潔絲在這行業沒有人脈可以把她介紹給某個錄音師，協助她跨過性別的鴻溝，而且業內也沒有知名女錄音師供她效法和聯絡。

標準的音樂之路看來不可行，蘿潔絲轉爲依自己的特質思考是否能另闢蹊徑——不是被動挑揀，而是主動選擇。於是她到聲音藝術大學從事接待員的工作。

從標準化協定的觀點來看，這是個很蠢的決定。接待員是一般文職，不是錄音工作，也不保證是條長久的職涯之路。然而這個決定是清楚地依據她的微動力而做的。接待員是一份服務他人的工作，而蘿潔絲很有服務熱忱，所以這工作不會折磨她，反而能讓她好好表現一番。此外，她希望藉職務之便向老師請教，接觸上課教材，靠自己學習混音的方法。

蘿潔絲自認是個樂於自學的人，所以對妥善且有成效地實行這個自學計畫，感到很有信心。儘管外人覺得她的做法好像有點奇怪，但她可是很清楚自己的微動力與處境，她衡量過這計畫是否合適，才理智地做了決定。

蘿潔絲開始她接待員的工作，並且特別耳聽八方。短短幾週後，她就「聽到了一句改變我人生的話」。當時有位老師在她附近跟學生交談，那學生說從事音樂相關工作沒有保障，所以他不想進這一行。由於蘿潔絲最看重的不是名聲或金錢，而是在音樂產業裡有份能穩穩立足的工作，所以她仔細聆聽他們的對話。那位老師對學生說，如果想在音樂產業裡做有保障的工作，最好是當個維修師。蘿潔絲回憶說：「我一聽到這句話就心想：**好，我要成為維修師！但首先我需要知道維修師在幹嘛！**」

她很快就搞懂維修師和錄音師的區別。錄音師就像是電影的攝影師——錄音師要負責錄音室裡的整個錄音工作；維修師則像是裝設和拆卸攝影機的人員，不出風頭，不光鮮亮麗，默默隱身在焦點之外。（你能舉出一個維修師的名字嗎？你看過維修師嗎？）可是蘿潔絲一點也不在意，畢竟如果做維修師的話，可以在音樂產業發揮己力，而且享有一個她最想要的好處：在最前線參與音樂的製作。

蘿潔絲發現她需要學習電子相關知識，才能當維修師。有位朋友說，美國陸軍出過一系列學習手冊，是自學的最好方法。於是她打給地方上的陸軍人才招募中心，詢問他們是否願意把學習手冊寄給她，對方回答說願意。一週後，她收到一大堆學習手冊，內容涵蓋直流電和微波科技等。

「我卯起來讀，」蘿潔絲說：「只要醒著，就是在讀。我把書帶去工作，把書帶進廁所，到哪裡都帶著。」她無法實際操作錄音室的設備，但盡力背誦，想像不同裝置的原理，就像當年拆解玩偶一探究竟那樣。

在蘿潔絲從事接待員八個月後，她覺得對電子原理和錄音設備有了基礎認識，可以開始試著尋找相關工作了。她在《洛杉磯時報》看到聲音產業公司徵求實習生的徵才廣告。聲音產業公司位於好萊塢的中心，擁有非常知名的錄音設備和錄音控制檯，跟各大錄音室和音樂品牌都有合作往來。

這個職位申請者眾，競爭激烈，但蘿潔絲錄取了。

衡量**他人**的選擇時。這終究不是個人**由下而上**的思維，而是一種體制**由上而下**的數字思維，是上位者從一群人裡做選擇時的思維。舉例來說，假設向Google謀求程式設計工作的申請者當中，每十位有一位錄取，那麼從標準化思維來看，由於雀屏中選相當困難，因此這個選擇風險頗大。如果採取這個「機率即風險」的思維，你可以振振有詞地說，去Google謀求程式設計工作的人大多會失敗，成功的人可真是幸運。

然而，真實的情況卻是，我們其實陷入了標準化思維，沒有考量個人狀況，只是參考平均值，拿一般概率來衡量自己能否馬到成功而已。但黑馬不是平均值，你也不是平均值。平均是一種線性的概念，是單向的，所以黑馬不採用平均的概念，而是偏好更複雜、更精細的分析。

在標準化思維下，風險取決於機率。在黑馬思維下，風險則取決於**契合程度**。

黑馬衡量自身微動力和機會的相契程度，因此所謂的「契合」，是個人和機會之間的多維考量，兩方對契合程度有同等的影響，就像手和手套一樣。某個機會愈能激發你的微動力，你選擇後愈有熱忱，選擇的風險就愈低。

如果很契合，風險就低；如果不契合，風險就高。

只要知道你的微動力，並對機會做出妥善評估，你會比別人更能判斷契合程度，也就更能估量風險高低。當別人說你的選擇很冒險，他們通常是基於標準化思維，忽略你個人的特質。只考慮機率，沒考慮人。

蘿潔絲想當錄音設備的維修師，卻到音樂學院當接待員，但這不是在豪賭。她是一個有很多面向的人，在考慮一個有很多面向的機會。雖然一般人從接待員踏進音樂職涯的**機率**很低，但蘿潔絲認為她的微動力和這機會夠契合，她能靠旺盛的熱忱過關斬將，迎戰隨之而來的難題。基於這份為自己打造的熱情，她可以走在路邊，不舉起她的大拇指，而不用擔心沒人停下來載她一程。

她選了最契合的機會，把握自己的特質，充分發揮自己，從而成就卓越。

懷抱信心，做自己命運的主宰者

運氣不由我們掌控。這是以機率衡量風險的問題所在：一旦你接受體制的觀點就無能為力了。機率就是機率，你無從改變機率，無從改變風險。因此，運氣在筆直的大道上重要得多——我們在大道上沒什麼選擇餘地。

體制所提倡最大的假象是：筆直的大道是通往專業成就的最安全之道。然而事實在魯洛的生活裡注入更多文化。

此外，魯洛想置身社會的中心，見識顯赫人物，結交後起之秀，親睹高手如何推動社會的變革。他說：「我本來是大材小用，而我已經準備好到外頭闖一闖。」

雖然魯洛並不**確切**知道在波士頓最後能闖出什麼名堂，但他對自己很了解，所以願意賭一把：波士頓提供種種財務、文化和社會上的機會，契合他的微動力，讓他更可能實現自我。

這個賭博很聰明。

魯洛來到波士頓，掛上顧問的招牌，打算替新創的小公司衡量財務狀況和擬定商業計畫。有一次，一個年輕人請他替兼賣男性精品配件的服飾店擬定計畫。魯洛花了一週，洋洋灑灑寫出五十頁的計畫書，內容鉅細靡遺，研究深刻透澈。他很自豪地把計畫書交給客戶，但對方一發現開店原來如此複雜，居然索性不開了，連酬勞都沒有付給他。魯洛一肚子火，把計畫書束之高閣，期望哪天有另一個客戶會找他擬定類似的商業計畫。

五個月後的某一天，魯洛在波士頓市中心的購物商場逛街，發現一個小小的櫃位空著待租。他不知為何停下腳步，仔細打量那個櫃位，那份嘔心瀝血的計畫書突然浮上心頭。他說：「我原本對開店毫無興趣，更別說是開服飾店了。可是我發覺那地點太適合開那家店了。它剛好位處金融區的中心點，很多專業人士成天經過。此外，開店感覺會蠻好玩的。」

魯洛做出下一個大膽之舉，那就是靠著他從沒想過會自己拿來用的商業計畫書，租下櫃位，砸下所有積蓄，開了第一間店。他說：「最初的計畫書包含服裝訂製，所以我在櫥窗加上『訂製西裝與襯衫』等字樣，想讓我的店看起來更厲害一點，但老實說，我不認為會有市場。不過開店的幾個月之後，有個男士進來店裡說要訂製西裝。」

這時魯洛需要下個決定。他可以跟客人說現在已經沒有訂製西裝的服務，這樣回答比較省事。他也可以聘請專業的裁縫師，開始經營這項業務，採用「開業一〇一招」會給的建議——把握擅長的部分，其餘工作則外包。然而訂製西裝這件事喚起他心中深藏的一個渴望，他不再視而不見，而是果斷下了決定：「我跟那個客人說，我們工作滿檔了，請他兩個禮拜後再來。」

有時大膽的行動很轟轟烈烈，像是放棄政治圈的工作搖身一變為組織規畫師，賣掉家產飛去英格蘭學習園藝，從柏克萊大學資工博士班休學但心中毫無清晰的計畫。然而有時大膽的行動卻很平淡——單純只是答應客人一個不尋常的要求。魯洛說：

「別人會問我，當初我明明對縫紉一無所知，爲什麼決定走上這條路。我跟他們說，原本我也對經營酒吧和餐廳一無所知。不過我逐漸領悟到，當你是在做自己熱愛的事情，往往可以逐漸做得很好。」

那位客人前腳剛跨出店門口，魯洛便匆匆展開行動。他打給巴爾的摩知名的服裝訂製公司，詢問製作西裝的方法。對方建議他參加他們三個月後、下一個梯次的縫紉課，但他無法等這麼久，所以請他們派一位員工飛來波士頓替他惡補一天，教他怎麼量身材和選西裝。他說：「我請他在跟客人約好的前一天過來，確保我能夠牢牢記住他教我的東西。」當那位客人回到店裡，魯洛小心翼翼地替他量身材，協助他選了一套西裝。六週後，西裝做好了。魯洛說：「那是件灰色的格倫格子呢西裝，裁得**很美**。客人很驚豔，而我則心想：**這眞是太酷了**。」

之前魯洛的工作都跟創作無關。他是經營者，要管策略、人事、營業額和其他雜事，很樂在其中。然而，現在他非常訝異地發現，憑一己之力設計服飾很好玩，替他帶來全新的樂趣。訂製西裝無疑符合他的生意頭腦，他很快就發現這門生意遠比賣服飾的資金風險更低，利潤卻可觀得多。除此之外，訂製西裝也滿足了他的創作欲，而先前他從沒注意到自己對藝術有這種熱愛。

不消說，投入西裝訂製是很重大的轉彎。魯洛明白，如果想靠訂製西裝賺錢，可不能只是半調子隨便弄一弄，而是要付出很多心血淬鍊能力。但他還是決定投入，一步一步努力，懷抱滿滿的幹勁——當你追尋某個完全滿足所有微動力的好機會，就是這麼幹勁十足。

魯洛在全美四處挑選最符合自身學習方式的課程，學習縫紉和服裝設計的基礎。然後他開始「騷擾」多位縫紉大師，跟在他們身邊，觀察技藝，還替他們做苦差事，換取他們私下指點幾招。他發覺他在縫紉上有數學頭腦，就像在商場上一樣。更出乎意料的是，他發覺他對布料有很好的直覺——他知道哪種服裝適合搭哪種布料，就像大廚知道哪種食材適合配哪種香料。他很快鑽研起布料，研究不同溫度、溼度和磨損對布料的影響，甚至研究布廠的歷史，進而認為眞正了解布廠的方法是實地走訪。

他開始造訪世界上最高檔布料的故鄉義大利和英格蘭。很少有裁縫師像魯洛這樣進行朝聖之旅的。他幾乎是各家布廠的第一位美國訪客，很多布廠員工甚至懷疑他是商業間諜。不過辛苦有了收穫，他說：「我對布料**眞的**熟得不得了。現在我光看一眼布料，就能說出它的品質、纖維長度，以及它通常出自哪間布廠，因為每間布廠都有代代相傳的收線方式。」

魯洛算蠻晚才開始學習裁縫，我們也許覺得他專精某種服飾就好，學起來也比較快。然而他極爲興致勃勃，不斷接受新挑戰，設計各式各樣困難或特殊的服裝，包括十九世紀的西方服飾、度假服，還有騎士皮大衣等。這類案子和高檔訂製西裝沒什麼相關，但他什麼都想碰、什麼都想學，只求全面提升實力。這種非正規的學習方式並非人人適用，但對他卻很適合。

在魯洛做出第一件訂製西裝的僅僅兩年後，他在休士頓抱得第一座全美時裝設計獎，靠的正是特殊服裝：頂級牛仔燕尾裝，背後以手工打摺以避開馬背。他說：「那時我已經有了兩間零售店，一間在波士頓，一間在南塔克特島，但訂製西裝生意占獲利的七十二%，而且好玩許多！」他關掉他的零售店，開了艾倫·魯洛服飾店，在紐柏麗街上屹立將近三十年之久。

魯洛從未忘記自己的出身，他時常提起他出生長大的萊姆斯特鎮。他也從來不擺架子。現在魯洛已經是許多年前他照鏡子時所夢想的那副模樣。如果他繼續待在麻州中部，夢想也許永遠不會成眞。幸好他沒有故步自封，沒有坐等未來，而是了解什麼對他最重要，放膽追尋——結果活出最好的人生。

魯洛成就卓越，實現自我，但不是靠莽撞冒險，而是善用「契合」的力量。

如果不迎向新機會，可能就會失去目標

當你眞正依據自己的微動力做出選擇，十之八九會選得不錯。原因在於，根據自我認知的選擇好過毫無根據的選擇。在前面階段你能得到很多，卻沒多少好失去，做出壞選擇的機率相對較小。

你愈了解自己，所做的選擇就愈適合自己，對人生也更滿意，可以一步步穩穩邁向卓越，最後迎向快樂的勝利時刻。你環顧四周，欣然發現，每個機會都非常好。

矛盾的是，這時「清楚你的選擇」比先前要來得困難。

現在你有東西好失去了。當你明白這一點，標準化協定便重新席捲而來，在你耳邊竊竊低語。我們平素活在標準化的文化裡，惶惶不安。社會叫我們別大膽妄動，免得把目前掙來的成果和安穩毀了。你如此努力，終於來到這裡——爲什麼要冒險追尋新的機會？突然間，你再度想著機率而非自身，甚至開始質疑「契合」的概念。

但可別上當。

一切都沒變。原本的看法依然成立，原本的衡量依然有效，原本讓你來到這裡的思維依然正確。你該像先前那樣衡量機會：如果某個新機會更適合你，而且你能承受

最糟的發展，那麼無論現有的機會是多麼穩定，有多麼令你滿意，你依然該選擇新機會。原因很簡單：在契合程度上看似微小的差異可以造成巨大影響，大幅提升你的成就和滿足感。

自我實現的滿足感並非固定不變，而是起起伏伏，所以你需要不斷成長，不斷進步。當你不再設法精益求精，自我實現的滿足感就會下降。曲折的岔路永無盡頭。當你不迎向新機會，你可能會失去比平穩更重要的東西。

你可能會失去目標。

即使眼前一切安好，也要勇敢向前

史丹莉（Megan Stanley）以前在加拿大卡加利市一間做智慧家庭的公司，擔任資訊部門經理。她得到兩個不錯的選項：一個是被動的挑揀，一個是主動的選擇。

當時史丹莉在公司待了五年，職位不錯，薪水不錯，獎金不錯，頗受主管和同事喜愛，而且工作表現得很出色。二〇〇二年，公司問她是否願意接下來十年都留在公司，如果願意就與她簽長期合約，保障史丹莉這十年的收入。她的親朋好友異口同聲建議：快簽吧！問題在於，雖然她真心喜歡這份工作，但這份工作卻永遠無法滿足她人生中不可欠缺的重要部分。

那就是：小狗。

史丹莉小時候看了湯姆．漢克斯主演的電影《福將與福星》，片中的福星是一隻波爾多獒犬，從此之後她就想做跟小狗有關的工作。她解釋道：「有個叫艾蜜莉的角色是獸醫，在自己家裡開業，我想變成她。當初我選卡加利那棟房子，就是想在家裡開獸醫診所。」她上中學時，開始研究獸醫的實際工作情況，釐清自己的微動力，卻發覺獸醫工作並不適合她。

「獸醫大多數時間是在**對**動物**做**事情，像是手術、治病、讓動物睡覺，還有安撫難過的飼主。」她說明：「我發覺我不是想跟小狗有這樣的關係。我要的是更親密的接觸。可惜我不知道還有什麼工作能跟小狗在一起。」

史丹莉在面對那份十年的長期合約時，依然不知道什麼工作才能跟小狗在一起。但她知道自己應該嘗試看看。

「我有一種心裡在發癢的感覺，那份感覺告訴我，簽下合約是不對的。」她說。

現在想像史丹莉是你的孩子。你得知她想放棄十年穩定的薪水和獎金，追尋照顧小狗的夢想，這時你會給她什麼建議？她父母堅持這太過冒險，她會失去很多，而且無論如何，她大可利用空閒時間當志工照顧小狗就好。然而她比天底下其他人更了解她自己。

首先也是最重要的是，史丹莉深愛著小狗，說到照顧小狗就超有幹勁，一心想提升動物照護的品質。另一方面，她也喜歡經營事業的許多面向，而如果她以照顧小狗爲業，最終很可能會需要開自己的公司。會計、財務規畫和網頁設計都讓她很感興趣，她也做得有聲有色，所以現在的公司才會想請她簽長期合約。她也喜歡發揮創意、構思行銷策略、與人共事，而且想必也會喜歡和狗主人、和她所雇的職員交朋友。

最後史丹莉拒絕了合約，從公司離職，把同事嚇了一大跳，更把父母嚇了一大跳。她接受低得多的薪水，當上全職訓犬師，希望這能讓她多接觸小狗，或許也能讓她有其他的機會。但她在工作期間，發現這家公司主要是以處罰來訓練小狗：「有個訓犬師拿出有很多尖刺的項圈，看起來像古代的刑具，我驚訝到不行，對他們這樣訓練小狗感到非常心痛。」

史丹莉逐漸留意到她口中寵物產業的「黑暗面」，於是決定替動物發聲：「我決定創辦自己的寵物安親中心，協助小狗在這個瘋狂的人類世界裡活下去，努力改變整個產業。」

她想開的安親中心有兩個主要業務。第一，開班傳授優質的訓犬方法，著重於教小狗在都市環境裡好好過活；第二，提供親切而專業的日間照護服務，原因在於她參觀過其他的寵物安親中心，發覺他們不是出於欠缺知識，就是冷淡漠視，大多沒有好好地善待小狗。

二〇〇六年，二十六歲的史丹莉創業了。好評口耳相傳，她的訓犬課程和寵物照護非常熱門，二〇〇八年就開了第二家。從二〇一六年到二〇一八年，她連續三年贏得卡加利最佳訓犬中心獎，二〇一七年還進入卡加利優質小企業獎的決選。現在她是專業訓犬師協會的會長。

近來父母不再爲史丹莉的大膽離職感到扼腕。她賺的錢比留在原本公司高出一倍以上，甚至還能賺得更多，只是她盡量把錢用在中心，以及回饋在員工的薪資上。過去幾年，卡加利經濟蕭條，資訊產業爆發失業潮，她說如果當初簽下長期合約，現在大概就失業了。然而過去兩年間，小狗訓練和寵物照護卻是蓬勃發展。

即使你所有的選項都很好——**特別**就是當你所有的選項都很好的時候，你仍要依照黑馬思維，選擇最適合自己的路。儘管在別人眼中這樣做很冒險，也要勇往直前。

在那個當下，她回想起當初讓她自己做出選擇的心境，再次下了一個關鍵決定。她鄭重地伸出一隻手，說：「我叫蘿潔絲，來這裡擔任你的維修師。」王子的臉上閃過一絲困惑，但還是重新走下樓梯，跟她握手：「我是王子，很高興認識妳。」

這開啓了一段美好的合作關係。

「我很慶幸自己這麼做，」蘿潔絲說：「我們平平都是人。在專業上，我們創造了一個人爲的架構，我替他工作，他付錢給我。公事公辦。你可以炒我魷魚，我可以辭職不幹，但這只是專業上扮演的角色。在另一個層面，我們平平都是人，從來都是平等的。雖然我是到那邊協助他錄製音樂，但有件事非常重要，那就是我需要讓他知道，我的角色對他的音樂錄製是很重要的，他需要尊重我的角色。結果他明白了，在整個合作期間都很尊重我。」

蘿潔絲展現技術上的專業，還展現跟王子相同的音樂品味和敏銳度，逐漸贏得他的信任。畢竟這是她千里迢迢來到明尼亞波利斯市的整個原因——跟打動她心弦的歌手共事。雖然她是受雇來當維修師的，但王子顯然不知道，或是根本不在乎維修師和錄音師的分別，所以邀她坐在錄音控制檯前，協助他錄製下一張專輯。

也就是《紫雨》。

這張專輯極度成功，無比重要，賣出超過兩千五百萬張，替王子贏得兩座葛萊美獎和一座奧斯卡獎，在《告示牌》二百強專輯榜上蟬聯了二十四週的冠軍，是史上蟬聯時間第四久的超強專輯。蘿潔絲協助她最愛的歌手錄製歌曲，參與混音，攜手推出他最出色的專輯，這眞是很棒的自我實現。

但還不只如此。

當王子開始他的「紫雨巡迴演唱會」時，他邀請蘿潔絲擔任其中一位錄音師，在會場錄下演唱會實錄，而其中一個會場正是洛杉磯論壇體育館。

「我每次想起來，還會渾身打顫。」蘿潔絲說：「我回到這個當初陷入人生低谷的地方，這個當初說出超難誓言的地方。我不是在現場做混音，而是在這裡，替世界上我最愛的歌手錄下演唱會。這事對世上的其他人不重要，但對我很重要。」

在那場演唱會結束後，她來到王子的更衣間，把當年的誓言告訴他。

「他完全明白我的感受。我們就像兩個孩子一樣，在那裡分享這個不可思議的時刻。」她說：「我的夢想實現了，而他也正在實現自己的夢想。我們倆十幾歲時都經歷過非常孤獨的歲月，現在我們一起共享這個美好的時刻，明白我們攜手來到了這個美好的地方。他朝我露出笑容，像是在說：太讚啦！」

向世界宣布：「我要往這個方向前進。」

黑馬不是遵循他們的熱情，而是了解自己的微動力，藉此打造出熱情。他們不是被動接受某個目標，而是做出大膽的行動，主動打造出目標。

每當你衡量微動力和機會之間是否契合，做出別具意義的選擇，就是在打造自己的目標，替人生創造意義和方向。

當蘿潔絲接下接待員的工作，目標變成是訓練自己成爲音樂圈的維修師。當赫爾搬到英格蘭，目標變成是鍛鍊自己在園藝上的本事，成爲園藝景觀設計的高手。當史丹莉辭去科技業的工作，目標變成靠照顧小狗來維生——以及改善這個世界。在各個例子裡，他們的目標源自其所選擇抓住的機會。

如果你遵循標準化協定，依照對成功機率的估算，被動挑揀某個標準的選項，而非主動選擇某個適合你個人的選項，那麼你就是在放棄追尋自己的目標。正因如此，黑馬非常看重自己的選擇，不閃躲，不含混，而是斷然行動，朝特定的方向前進。

每當你做出大膽的行動，就是在向世界宣布：「我要往這個方向前進。」

第四章

了解你的策略

一般來說，我們很不知道自己的頭腦最擅長什麼。

——馬文．明斯基（Marvin Minsky，美國認知科學家）

成就卓越沒有最佳策略

魔術方塊堪稱世界上最受歡迎的益智玩具之一，在一九八〇年代最爲風行，但近年「速解」重新蔚爲潮流，吸引玩家互相較勁。高手可以在三十秒內還原魔術方塊，最頂尖的好手更可以在八秒內還原。

你也許會猜魔術方塊有一套特定的解法。如果你想學怎麼破解魔術方塊，也許會直覺地上網搜尋教學影片。在我們的想像中，高手只是記下解法，反覆練習，最後熟能生巧。

然而，魔術方塊其實沒有一套特定的解法。目前至少有十二種經過妥善研究的解法，例如橋式解法、柏圖斯解法、齊斯特思韋泰演算法，以及ZZ解法等。此外，還有六種部分解法，外加各種「指技」等提升破解速度的技巧。不同解法的轉法相異，有些解法確實是以演算法爲基礎，對特定排列進行一套轉動程序；有些「塊構築」解法則沒有以演算法爲基礎，而是靠玩家辨識方塊模式的能力。多數進階解法結合演算法和塊構築技巧，還時常仰賴玩家的直覺。

新手很可能會問：哪一種解法**最好**？現在你大概知道答案了：除非考量玩家的個

在標準化協定下，特定策略被尊爲「最佳方法」或「黃金標準」，無疑讓主管和高層輕鬆許多，可以不必花功夫找出每個人的強項，再調整系統幫助他們妥善發揮。

在標準系統中，「一套最佳方法」的概念逐漸根深柢固，我們難以想像還有更好的方法，以爲整個體系比我們更了解自己的能力。

如今，我們出於直覺，以學習、訓練和成就上的外在標準衡量自身。體制也許逼你採取不適合自己的策略，看你表現不好就批評，看你失敗就說你缺乏才能——於是你就這麼看低自己的潛力。

然而，你也許無法憑「那套最佳方法」做好，卻能憑別種方法做好。

了解自身強項的本質

天文學極爲仰賴數學。克卜勒定律描述行星的軌道，馬克士威方程組計算遙遠星球之間的電磁，愛因斯坦的廣義相對論描繪了銀河、黑洞和白矮星的運轉。天文所的學生必須修微積分、線性代數和微分方程式。可惜麥考蜜珂連高中都沒讀完，也沒上過三角函數。

如果麥考蜜珂留在學校裡，或許會學好更高深的數學——但或許也不會。「我向來討厭數學，」她說：「我老是學不好，老是覺得很挫折，根本就不想再碰。」因此，在天文之路上，她必須想出不靠數學的策略。

幸好麥考蜜珂有其他強項。首先，她充滿好奇心，樂於尋求指導，不怕承認自己不懂。在那夜被星空打動之後，麥考蜜珂開始到奧克蘭天文館聆聽跟月亮和星星相關的免費演講。演講者大多是天文館的天文學家，她會在演講結束後上前跟他們自我介紹，展現她對天文的熱忱，也獲得很好的回應。其中一個講者還借她一個小望遠鏡，讓她帶回家。她大笑著回憶說：「我在後院架好望遠鏡，跟我老公說：過來，過來，看看木星！他回我說：『誰想看什麼狗屁木星啦！』可是他的反應沒有打擊到我，我一直看著星星，樂此不疲。」

麥考蜜珂也樂於接觸新科技。她不靠讀書或上課，而是靠動手實際操作，學會當代天文觀測所用的電腦軟硬體，而且還學得非常好。她從來不怕找人請教新東西，學習衡量變星亮度時會開口問，學習調校鏡頭的感光元件時會開口問，學習在微重力透鏡上進行較差測光時也會開口問。她逐漸了解如何使用軟體自動調整望遠鏡，進行整夜的觀星。

麥考蜜珂也很有耐心、細心，做事有條有理。夜復一夜，月復一月，年復一年，她盯著南半球奧妙的夜空，尤其是「行星狀星雲，例如美到不行的木星狀星雲」。她學習準確對準星體的位置，了解各種鏡頭和電子元件對觀測品質的影響，逐漸懂得如何繪製幾千光年以外的星體的「光變曲線」。

她愈來愈厲害，也就冒出新的渴望——新的微動力。麥考蜜珂說：「一段時間之後，你開始感覺光是**觀看**星星還不夠。我想做出**貢獻**，在科學上有意義的貢獻，而這需要更大的望遠鏡才辦得到。」

於是她在自家後院打造了「農場灣天文站」。

由於單一天文臺無法隨時觀測整個夜空，有時甚至連一部分夜空都觀測不到，所以天文學觀測需要仰賴全球合作，研究計畫常得彙整許多望遠鏡的觀察資料。

一九九九年十月，麥考蜜珂開始跟全球各大學的天文專家合作。他們把感興趣的天體告訴她，她則把觀測到的資料回傳給他們。他們很快就明白她能繪製出高品質的光變曲線，更不可思議的是她只靠自家望遠鏡就達到這種成果，所以他們愈來愈樂於協助她做出更好的觀測。不少國際團隊開始捐助資源給農場灣天文站。俄亥俄州州立大學的研究團隊捐了更好的望遠鏡給她，哥倫比亞大學的研究機構捐了更好的攝影鏡頭給她，一支韓國研究團隊捐了更好的觀測圓頂給她。俄亥俄州州立大學天文系甚至邀請她到校內，向系上教職員演講。麥考蜜珂說這是她觀測生涯的一大成就：「想像一下，這樣一個來自旺加努伊的我，十五歲就輟學的我，竟然對著所有教授大談天文學！」目前她已經發現超過二十顆新行星。

麥考蜜珂也喜歡獨力工作。二〇〇八年，她對一顆遙遠的彗星進行例行觀測，留意到它角落的微弱亮光。那亮光顯然跟所觀測的彗星無關，很多天文學家大概會當作沒意義的「雜訊」，但她一如往常地喜歡追根究柢，於是著手研究那亮光到底只是雜訊，還是眞實存在的星體。結果，那是一顆沒人發現過的小行星，後來由她正式取名爲「紐西蘭小行星」。

信不信由你，如今發現小行星比發現行星更令人佩服。天文學家通常知道哪些星星可能會是新的行星。麥考蜜珂找到新行星的時候，是對準微重力透鏡後續監測網首席天文學家所建議的座標位置，同計畫的其他職業和業餘天文專家也在觀測同一顆行星，所以她跟他們同屬新行星的發現者。

相較之下，發現小行星完全是靠自己的單打獨鬥，而且格外難能可貴。原因在於，很多學術計畫或政府計畫的目標就是尋找新的彗星和小行星，例如卡塔利納巡天計畫、塞丁泉天文觀測計畫，以及近地天體觀測計畫等。如今，幾乎所有的新小行星都是由這類大型計畫，而不是由在自家後院觀測天體的業餘人士所發現的。麥考蜜珂藉由這個天文學的貢獻，獲頒紐西蘭功績勳章。

學術圈以一個字眼稱呼她這種人：**成功**。

「了解你的策略」不見得需要多天才的厲害策略。黑馬跟我們大多數人差不多，不見得特別有創意。要找到完全適合你的策略，也不須仰賴非凡的直覺。黑馬並沒有比別人更能憑直覺找出好策略，只是他們確實有其不同之處。

「了解你的策略」有賴於以一種嶄新的觀點，來看待強項的本質。

改變你的強項

強項跟動力大不相同。

微動力包含一部分核心的自我，所以威力強大，不易改變。頭腦生來對動力有很直接的認知，有很直接的**感受**。欲望確實常從意識裡冒出來，簡直不請自來。即使我們無法準確描述各個渴望，卻總可能藉由往內檢視感覺到自己的微動力：想要什麼，就會**感覺到**什麼。

我們清楚知道自己想不想嘗試跳傘、想不想吃鰻魚壽司、想不想看最新的漫威電影。相較之下，強項是**無從感受**、**關乎情境**和**持續變動**的。

換言之，強項很**模糊**。

大腦不是生來就能直觀感受我們的強項，而原因也頗為明顯，幾乎所有我們口中的強項都是從外頭學習而來，不是從內在自然冒出來的。舉凡創作打油詩、寫應用程式或跳芭蕾舞步，都不是生來就會，而是靠努力練成。相較之下，微動力在頭腦中根深柢固，不太變動。強項**無從感受**的原因在於，強項通常不是實際的存在。

現在想一想：你天生有多會騎河馬？

你大概很清楚知道自己**想不想**騎河馬，但除非實際爬到河馬的背上，感覺下方的龐然大物，試著指揮牠前進，否則根本無從得知自己天生有多會騎河馬。

你知不知道你天生多有能耐在樹林裡找出松露？閉著嘴哼歌？把不同大小的頂針分門別類？應付毒蛇？迅速狂吃水果軟糖？養蚱蜢？用眼睛眨出泡泡？用鼻子平衡迴紋針？準確計算一分鐘的流逝？把雙手放進兩盆水裡，準確估算出兩邊溫差幾度？除非你曾經試過，否則很難知道自己天生有多會做這些事。唯一的確認方法，就是實際變動。就算某個假說通過檢驗，科學家仍會繼續設法提出更好的假說。

人生的選擇可能無法收回，可能代價重大，但策略的選擇則如同小小嘗試。事實上，在實踐各個黑馬思維時，「了解你的策略」應該是你第一次**預期**會遇到全然失敗的步驟。你要歡迎失敗。在追求卓越的路上，失敗可謂必不可少，甚至是箇中**關鍵**。唯有靠失敗，你才能發掘自己原本隱而未現的強項。每次嘗試策略都是一次個人的實驗：這方法適合我嗎？有協助我進步嗎？如果有，我看見自己的什麼強項？如果沒有，我接下來要做什麼嘗試？

「了解你的策略」是一條迂迴之路，需要持續地發現和修正。即使你找到一個適合自己的策略，通常也不會是一勞永逸的。這策略或許協助你變好，也就改變了你的強項，從而需要找出其他新的策略來順應變了的強項，強項也許會繼續改變，依此類推，無止無盡下去。

標準化協定沒給多少嘗試錯誤的空間。假設你是個成績都拿 A 的理組高中生，決定選修一門詩文課，卻拿到很爛的成績，很不利於跟其他學生拚大學申請。假設哲學教授以選擇題考你對指定讀物的理解程度，你沒考，反而寫了一篇論文交出去，那你會被當掉——雖然論文更能充分反映你的程度。

即使有時體制容許我們嘗試錯誤而非死守「那套最佳方法」，卻顯得不情不願。舉例來說，學校甚至可能用負面字眼「通融」來形容這種嘗試，還要求你正式提出「學習困難」或「特殊需要」的申請才肯受理。這種排拒某方面當然源自體制對效率的崇尚，但也常暗示了我們能力與實力不足，顯然比其他沒提出要求的學生來得沒天分。

拉曼的故事便指出這種態度有多空洞。

即使會了，也要不停嘗試

拉曼天生眼睛有缺陷，房水無法妥善排出，導致眼壓過高，剛出生就有青光眼。在他五個月大時，孟買的醫生大膽替他動手術，卻造成他左眼失明，右眼的手術也不算太成功，視力只剩不到十％——但至少還看得見。醫生跟他的家人說，他的部分視力也許保住了。

拉曼兒時很愛玩字謎、數學難題、滾球迷宮和西洋棋，這反映他很明顯的一個微動力：**解題**。

他也發覺自己喜歡思考事物的結構。拉曼十幾歲時出於好玩，自學德文和法文，覺得研究文法結構很有意思。此外，他覺得西方曆法的數學結構很有趣，於是他弄清楚了怎麼計算過去或未來的某一天是星期幾。這反映了另一個微動力：**探索結構**。

拉曼還有一個微動力是**好勝**。拉曼有個西洋棋盤組，大他十四歲的哥哥有時會帶朋友回家，想玩棋的時候就會跟拉曼借。此時拉曼就會要他們先打敗他再說。拉曼笑著回憶：「我多半可以連續玩一整個下午。」

在學校，喜歡解題和結構的拉曼迷上了數學。印度社會相當推崇研究數學，不像美國人一聽到某個人熱愛數學，常會聯想到阿宅或怪咖。印度的大多數家長得知小孩想讀數學系，可是會鬆一口氣，並感到自豪。雖然拉曼一隻眼睛看不見，一隻眼睛狀況很糟，他仍藉由讀大字體的課本、坐在教室前面的座位，在印度僵化的教育系統裡往上爬，追尋數學之路。

但悲劇降臨了。

拉曼十三歲時因眼壓過高，造成右眼視網膜剝離。在他前往醫院的路上，視網膜更因裂開而導致右眼完全失明，無法醫治。他走進了永恆的黑暗。

以數學爲業的大門似乎關上了。他再也無法看見代數、方程式和幾何圖形。在印度，視障學生有一條標準的求學之路，但你不會希望自己的孩子去走。那套系統認爲，既然教育系統是設計給眼睛正常的學生，最佳方法就是給視障學生一樣，但進度慢上許多的教育。

「十年級的視障學生，通常是在學一般六年級的東西。」拉曼解釋道：「而且整個教學漫不經心。他們認爲視障學生最後都會當電話接線生，沒必要接受完整教育。我記得有個朋友跟我說，別擔心，我不見得要當接線生，他才剛遇到一個在銀行工作的盲人，或許我之後也能在銀行工作。我問他：那個盲人在銀行裡是做什麼工作？他說他不知道，要再去問問看。結果搞了半天，那個盲人是在銀行當接線生。」

拉曼發覺，他最好想出自己的學習策略——照他的說法是「招數」。以他嘗試破解魔術方塊爲例。他在一九八〇年代第一次聽說魔術方塊，發現身旁所有人都在玩這個有趣的新玩意兒，卻都無法破解。既然大家都無法破解，他的微動力「好勝」便冒了出來。此外，魔術方塊也是在解題和探索結構，於是他自己買了一個。

拉曼沒有先在魔術方塊上黏凸點，那是後來才想到的，所以方塊表面維持光滑。他說：「我看不到魔術方塊上面的顏色，所以不覺得會有多難。這是個幸運的誤解，讓我不會太快洩氣。」

在探索操作步驟的模式時，拉曼學到固定魔術方塊的方向，以便追蹤它轉動的經過。他在心裡各以一個數字代表方塊的六個表面，把方塊的轉動想像成一串數字，逐漸發覺該一次先解一層，而**不是**先解一面。後來他發覺有必要**感覺**方塊上的格子，才能更進一步。於是他哥哥把盲人點字的凸點，貼在魔術方塊的五個表面上，只有白色那面不黏。拉曼說：「現在我明白爲什麼大家解不出來了，魔術方塊比我原本想像得更困難。幸好我已經對怎麼轉動它有了粗淺的認識。我開始留意常見的組合模式，並再加上指示方向的記號。」

拉曼開始靠手指感覺方塊的組合模式，並將它們化爲一串數字，構思不同的簡單演算法來解特定模式。大多數人若要不靠視覺去記住各種模式及其關連性，實在相當困難。但拉曼擅長思考複雜的結構，也擅長在腦中記住各組數字，觸覺又靈敏，很適合魔術方塊的「觸覺」破解策略。

在幾個星期內，經過一次又一次的錯誤嘗試，拉曼終於想出了一套解決所有排列組合的方法。這本應讓拉曼感到振奮，但好勝的他並不就此滿足，而是繼續鑽研下去：「在那之後，我設法加快破解的速度，想出一次同時把很多格轉對位置的方法。我能一次看見每一面的能力此時便成爲一種優勢。到後來，我能在二十四秒內解開魔術方塊，比所有我知道的人都還要快。」

當然，解開魔術方塊是一回事，走好求學與職業之路則是另外一回事。

把自己最在乎的事情做得更好

起初，拉曼面臨的主要難題，是如何跟一般同學一起上課卻不要落後。比方說，他需要想出迅速做筆記的招數。當時是一九八〇年代早期，沒有筆電和手機，筆記只能靠當場動手書寫。雖然他很快就學習了盲人點字，但靠這個系統記筆記可不容易，因爲需要花很多時間在紙上戳記一個個的洞，所以他不可能邊上課邊即時做好筆記，需要自己另想方法。

「這是結構性的問題，」拉曼解釋道：「該如何盡量用最少的點來記下字母或是單字呢？我想出一套速記的方法，讓我能夠將需要戳的洞減到最少，但仍能表達出概念。」

在數學課上，拉曼遇到另一個問題。數學式有很多下標、上標、數學符號和希臘字母，他需要想出一套有效的方法來辨識和表達。「盲人只有一套數學計算的標記系統，那就是聶美茲盲文系統。但這套系統只在美國有教，因此我再怎麼提出要求，也沒人把聶美茲的盲文代碼告訴我。我無法用傳統的盲人點字系統做筆記，只好把先前速記的點子加以延伸，設計出一套讓盲人在數學上能夠使用的新標記系統。」

拉曼靠著這些招數，以出色成績從高中畢業。他說：「當年我設法鑽了印度教育系統的漏洞，但那是一件好事。我本來該強制進入盲人學校，但我爸媽從來沒在什麼正式文件上簽名說我是盲人，而且我在學校成績一直很好，所以沒人多說半句話。」

到目前為止都還不錯，但大學卻是全新的挑戰。印度教育系統是仿效高度標準化的英國教育系統，由入學考試決定你能上哪所學校。拉曼想讀全印度最好的理工學校，也就是印度理工學院，相當於印度的麻省理工學院或加州理工學院。印度理工學院的入學考試分成兩個部分，第一部分是選擇題，拉曼認為能靠目前的招數得到好成績；第二部分的手寫測驗則是難關所在，他需要寫下長長的作答過程。

「在美國，通常只要算出答案就能得到分數。在印度，你必須列出每一步的算式，每一步都必須正確才能得分。很大的問題在於，第二部分的作答時間有限，如果我花很多時間寫下計算過程，可沒辦法在時間結束前寫完。」

拉曼考了選擇題的部分，也順利通過了。現在難關來了。

「為了通過第二部分的考試，我需要學習一種新的作答方法。原本我頭腦會很自然地跳到解法，通常很快就能得到最後的答案，但現在我必須一步一步計算，確實寫好一步，再寫下一步。這是很不同的做法，但我很積極地去克服，因爲我認爲只要跨過這一關，就很有機會考進印度理工學院。」

結果拉曼跨過了這一關。他考進印度理工學院，在每堂課上表現出色，成爲該校第一位盲人畢業生。之後他在康乃爾大學取得資工博士學位，博論題目是自然語言處理演算法，畢業後進入迪吉多電腦公司，然後跳槽到奧多比和ＩＢＭ，現在是Google的資深研究員。

許多人聽到拉曼的故事，會想：**他就是個驚人的天才，所以才能成功！**他確實很驚人，但這不是故事背後的啓示。他並沒有比麥考蜜珂、魯洛、蘿潔絲或書中其他黑馬更天才，他也不是靠出色的數學天分克服難關殺出重圍，他是選擇了適合自己微動力的機會，以及適合自己強項的策略，才獲致成功。

換言之，他就跟其他黑馬一樣，想出如何把自己最在乎的事情做得更好的方法。

比諾貝爾獎得主還少的侍酒大師

在標準化的專業領域，你別無選擇，只能採取體制所選的學習策略。舉例來說，如果想當醫生，一定得先上醫學院，通過每堂必修課。但在沒有標準化訓練之路的專業領域，我們難得可以不受體制干涉，「自由」發展自己的策略。而當我們這樣做時，往往會得到寶貴的發現。當某個專業領域不再被加諸「一套最佳方法」，人人都可以變成黑馬。

侍酒師是個很好的例子。放眼整個餐旅業，侍酒大師公會頒發的「侍酒大師」頭銜地位最為崇高，整個西半球現在只有一百五十七位侍酒大師，比得過諾貝爾物理學獎的人數還少，也比讀一年書就畢業的美國神經外科醫師還少，甚至比去過外太空的人都少。

侍酒師就是供酒的服務員。在法國大革命之後，這個專業首次在法國的餐廳裡出現，但得等到一九三〇年代和一九四〇年代各酒廠開始自行裝瓶，侍酒專業才以現代形式開花結果。如今，侍酒師替高級餐廳研擬酒單，協助客人依餐點和喜好選擇搭配的酒款。侍酒大師可以精準描述一款酒的獨特風味，例如加州的夏多內白酒「出色而銳利，帶有葡萄乾和焦糖的香氣」，澳洲的希哈紅酒「濃郁辛辣，富紅果味，帶紫羅蘭香，酒質柔順，完全瀰漫在口腔裡」。

在外行人看來，專業侍酒師也許顯得很神。刻薄的人可能會說，侍酒師把酒形容得天花亂墜，實在很造作和假掰。然而侍酒大師這個頭銜認證可不是在開玩笑的，比進美國太空總署擔任火箭研究員還難。不過，侍酒之路跟火箭研究員不同，沒有「一套最佳方法」。

雖然你必須通過侍酒大師認證考試，才能成爲侍酒大師，但要採取什麼方式獲得足夠的技能以通過考試，則完全取決於你自己。

侍酒大師認證考試是所謂的「能力測驗」，意即在衡量侍酒工作上需用到的特定技能，包括實際上場。考試分爲三個部分：一個是**服務**，應考者需要在高檔餐廳的高壓狀況下，服務挑剔的賓客；一個是**理論**，應考者需要回答有關酒品產地、歷史、風味和科學原理的各種問題；最著名的一個是**品酒**，應考者需要盲飲六支酒，正確說出酒款和特性。三個部分都是口試，反映出侍酒師的實際工作情形：侍酒師需要在桌旁回答饕客的問題，而不是寫在紙上，也無法用電腦查答案。侍酒大師認證考試的通過率只有五％。

你也許猜得到，考試最難的是「品酒」測試，這是侍酒師有別於其他專業的核心技能。為了成為侍酒大師，你需要一套有效的策略來建立辨酒能力：分辨不同葡萄發酵的氣味和味道。如果我請你猜哪種人最可能通過侍酒大師認證考試，你大概會猜是天生嗅覺靈敏的人，而我們訪談的其中一位侍酒大師確實天生嗅覺靈敏。

那位侍酒大師就是卡拉漢（Brahm Callahan），在波士頓的Grill 23牛排館管理超過一千九百款酒，榮獲《葡萄酒觀察家》雜誌金獎。卡拉漢生來嗅覺敏銳，兒時覺得各種味道有鮮明的個性，比方說他會想方設法避開山茱萸「壓倒性的濃味」，但多數人其實不覺得有聞到什麼味道。此外，卡拉漢在鄉間長大，所以從小接觸到跟酒的分類相關的各種氣味。他有辦法清楚地回憶起樹上的梨子香、廚房砧板上的梨子切片味，還有堆肥裡的臭梨子味。

因此，當卡拉漢從事品酒職業時，他一開始就常能憑直覺分辨酒中不同的氣味成分，就好像多數人能輕鬆說出畫作上的色彩一般。藝術史新生可以輕鬆分辨梵谷和畢卡索的畫作，卡拉漢尚未開始為侍酒大師考試做準備前，就能輕鬆分辨不同的酒款。

他針對「品酒」測試的準備策略很直截了當：結合嗅覺直覺和測驗考法。侍酒大師考試要求應考者分辨酒的酸度和甜度等，他就這樣開始準備。第一次考試，他只以些微之差在「品酒」測試敗下陣來；隔年，他輕鬆通過。

你也許認爲大多數其他侍酒大師也是天生嗅覺和味覺敏銳，但卡拉漢是特例，不是多數。

配對記憶、推論、姿勢、體察，各擅勝場的品酒技藝

大多數侍酒師其實天生嗅覺和味覺都沒有那麼敏銳，不適用於卡拉漢的「嗅覺直覺」策略。若是如此，他們到底會採取哪些策略，以通過侍酒大師考試的「品酒」測試呢？

他們通常從「暴力破解法」開始：盡量增加品嘗的酒類，提高品嘗的頻率，藉由反覆接觸讓頭腦把酒和味道配對在一起。皮卡蘿（Emily Pickral）就是採用這個策略準備侍酒大師考試。七年間，她先後待過紐約市的格雷莫西小酒館、維吉尼亞州的凱塞拉父子酒莊和加州的農舍旅館，品嘗了二千多種酒。她跟卡拉漢不同，沒那麼著重於把酒拆解爲不同的氣味成分，而是去感受整體：「聞習慣以後，味道變得熟悉，你就沒辦法把它拆解開來，只是覺得：**噢，就是這個味道**。我聞加州的黑皮諾酒，就是

聞到黑皮諾的味道，不會想：**噢，我聞到熟果、甘草和橡木的味道**。我是想：**噢，這是加州的黑皮諾**，或是：**啊，這是北羅納產區的希哈葡萄酒，絕對沒有錯**。」在侍酒大師考試當天，她運用自己對酒所謂的「肌肉記憶」策略，第一次應考就通過「品酒」測試。

相較之下，蕾佩樂媞（Pascaline Lepeltier）以另一種有點特別的策略準備侍酒大師考試。她終生熱愛哲學，在法國讀哲學博士，專精柏拉圖和柏格森的形上學。蕾佩樂媞說：「我很愛思索『爲什麼』，所以酒滿足了我的好奇心。某款酒的味道『爲什麼』是這樣，背後一定有原因，我會以哲學的推論方法找出來。這有賴於各種知識，包括化學、生物學、物理學、社會學、地質學、地理學，甚至還有語言學和形上學——也就是我專精的領域。品酒是哲學的具現，所以對我非常理所當然，我可以把線索拼湊出來。」她憑「哲學」策略，第一次就通過考試。

其他人則採用比較傳統的準備方法，但依據個人偏好調整。蘭珀特（Elyse Lambert）以顏色、味道和氣味的些微差異分辨酒款，例如蘑菇色、桃子味或黑莓香。她特別留意酒的酸度，在盲飲前會先喝一點「校準酒」，把對酸度的味覺調整回來。雖然她非常認眞準備，卻一連五次在「品酒」測試被刷下來。

第六次應考，蘭珀特終於通過了，而她將此歸功於一個少見的策略：「我看了哈佛大學社會心理學家艾美．柯蒂的TED演講影片，聽她談姿勢和心態有多重要。我明白了，你不應該在走進侍酒大師考試的現場時，想著：我希望能成爲侍酒大師；你要想：我**就是**侍酒大師。我去應考前，雙手擺成勝利的姿勢，再設法控制好身體，尤其是站著應付挑剔客人時的姿勢。」後來蘭珀特成爲第一位在全美最佳侍酒師大賽贏得冠軍的女性，更在全球最佳侍酒師大賽贏得第五名，躍居全球女侍酒師排行榜上的第一名。

另一位是米格（Michael Meagher）。他一開始是以「暴力破解法」準備「品酒」測試，在整整一年之間，他每週花二十到三十小時品酒，結果卻沒通過考試，而且成績很糟。他不氣餒，依然認爲品酒的時間愈多，成功的機會愈高，於是改成每週品酒約四十小時。然而他再次在「品酒」測試敗下陣來，隔年更遭遇了第三次的失敗。

後來米格加入了「視覺化」策略。這是另一個很多侍酒師用來把酒味和酒款連結在一起的熱門方法，你可以依直覺把某種酒的味道和某個畫面聯想在一起，例如馬爾貝克酒是暴風雨的天空，密斯卡岱酒是一片淡色的沙丘。他靠這個熱門策略參加第四次考試，卻第四次吞下失敗。

這時連最熟的友人都溫和地提出勸告，說他根本不需要當什麼侍酒大師。米格決定忽視這些勸告，然而他卻不能忽視自己得做些改變。

「我發覺別人的方法對我並不管用。」米格說：「採用其他侍酒師的策略不會讓我進步，那只是讓我知道別人是怎麼通過考試的。我們的味覺不同，對酒的感受不同，對氣味的記憶不同。對酒的描述（descriptors）眞的是很客觀的，但我們得出這些描述的方式各不相同。」

米格第一次認眞思考自己的特質，並開始拋開很多先前的策略。第五次應考，他依然沒通過，卻覺得感覺對了，而且更加了解自己。這時，他終於想到一個無比適合自己的策略——我們也許可以稱爲「生理」策略。

「我開始發覺我對品酒的生理層面反應很敏感，於是決定善加運用，專心體察一款酒是怎麼影響我的身體。例如酒精的燒灼感是怎麼灌進胸腔，或是下頜感受到的酸味，或是上顎有礦物的沙沙感，或是二氧化硫對眼睛造成刺痛等。」

而雖然米格在練習全新的策略，他卻把品酒時間從每週四十小時大幅減爲五到十小時。他明白現在他有這種適合自己的新方法，不再需要一直灌酒：「我感覺不是只以口腔在品酒，而是以全身在觀察酒。隨便你要以禮讚或至福來形容都行，總之我終於能聽見酒在跟我說話。我不是在跟你說你是什麼酒，而是在聽你怎麼說。」

二〇一五年五月二十日，米格第六次應考，終於成為侍酒大師。

掌握自己，持續善用自己的特質

米格不像卡拉漢那麼有嗅覺天賦，卻有另一種侍酒大師考試也會考到的天賦：服務。在讓客人賓至如歸方面，他堪稱世界級的好手。就算客人提出複雜或苛刻的要求，他也能優雅回應，並顯得一派輕鬆。此外，他對餐廳服務和推薦酒款的細微技巧瞭若指掌。你也許會想：他會不會考慮得太無微不至，身段放得太低，反而容易落敗？可並非如此。雖然米格費了好大功夫才把品酒能力鍛鍊好，但他第一次應考，就高分通過侍酒大師考試的「服務」測試。

另一方面，雖然卡拉漢有絕佳的嗅覺天分，他第一次應考時卻在「理論」測試慘敗，卡拉漢對此大感吃驚。卡拉漢進餐飲業之前，在波士頓大學取得古典學研究的碩士學位，這門學科需要對希臘、拉丁和古代史具有廣泛的知識，因此他對自己的才智很有信心。但太過自信反而不是件好事：「我承認，我不夠認真看待『理論』測試，我太過自傲了。那時我很快就回答好，想說『反正我很聰明』，但這種自信實在太不理智了。」

卡拉漢認爲之前考砸只是運氣不好，於是沒有在第二次應考前花功夫改變學習策略，結果以再次失敗作收。他說：「這次我**非常**在意，並且感到**羞恥**。我記性非常好，但只是記下空空的東西，並不會對我有任何幫助。」就像米格對自己有了新的認識一樣，現在卡拉漢對自己也有了新的認識，從而改變策略。「我跟別人採取相同的方法，像是用記憶小卡或圖形什麼的。但那時我問自己：我的強項是什麼？答案是寫論文，所以我決定把需要了解的東西寫成小論文。」

卡拉漢採取這個「小論文」策略，像寫論文般把遇到的難題寫下來。他還強迫自己，每篇文字得引用三則文獻，並完全遵守學術格式，彷彿這是需要呈交給教授的論文一樣。這招讓他對酒有了比較完整的認知。

「下一次考試，我穩穩通過了『理論』測試。」

這些侍酒大師採用各種學習理論的方式，就像他們也採用各種學習品酒的方法。有些人發覺組成讀書小組有助於學習，互相輪流抽考彼此；有些人偏好自己一個人讀。有人會把自己講述酒類理論的聲音錄下來，每次讀書都播放來聽。有人則採用「視覺引導」策略，在白紙寫下所有需要學習的東西，但他不是把它當作記憶小卡使用，而是記住各個內容是寫在紙的**何處**。比方說，如果需要記住阿根廷各葡萄園的名稱，他就在紙上畫出「阿根廷」，然後「看見」右下角列的葡萄園名稱。

現在你可以後退一步，想一想這些故事的啓示。你在掌握品酒和侍酒的藝術前，首先需要掌握自己。每個有抱負的侍酒師，一定會在某個時候發現自己的不足，發現目前帶領他們的「那套最佳方法」還不夠，不足以讓他們登上卓越之境。

他們首先需要準確衡量自己的微動力和侍酒專業是否契合。誤判自己微動力的人，一旦發現自己將在無人協助的情況下踏入未知時，很容易就喪失足夠的動力，無法繼續前行。他們需要成功打造足夠的熱情，才能撐過難熬的嘗試錯誤階段，依照自己獨特的強項，找出正確的策略。

如果你想成爲侍酒大師，可沒有一條筆直的大道。你必須一**直**善用自己的特質。

取得有意義的成功，才能感到自豪

當你「知道你的微動力」，就可以打造自己的熱情，擁有眞切的幹勁。當你「清楚你的選擇」，就可以打造自己的目標，得到意義和方向。當你「了解你的策略」，就可以打造自己的成功。這樣一來，你就是在依循眞實的自我，取得有意義的成功，從而感到深深的自豪。

不過如果你想獲得自己眼中極致的成功，達到最高的非凡成就和自我實踐，那麼首先你就需要**忘掉**一個很熟悉的概念。

第五章

忽略你的目的地

其實多數人是在抵達之後，才發現自己的目的地何在。

——比爾·華特森（Bill Watterson，美國漫畫家）

目的地對自我實現很有害

如果你不太下棋，你也許會認爲西洋棋高手相當擅長推估之後的棋步。沉思棋局的棋手是在腦中一一推演：「如果我下這裡，她會下那裡，然後我再下這邊，她再下那邊……**將軍！**」你也許會猜想，西洋棋冠軍和業餘棋手的部分差別，就在於他能輕鬆推演多少棋步。

然而並非如此，多數西洋棋高手只專心思考一步——他們的下一個好棋步。他們思索，此時此刻哪一個棋步有利於獲勝？這需要考量當前的棋局，推測對手的想法。此外，還有一個關鍵是考慮對手是什麼樣的棋手：是卡斯帕洛夫（Garry Kasparov）那種咄咄逼人的棋手？或是卡爾森（Magnus Carlsen）那種天馬行空的棋手？還是彼得羅相（Tigran Petrosian）那種審愼穩健的棋手呢？

「我相信棋手的棋步永遠會反映個性。個性怎麼樣，下法就是怎麼樣。」前世界冠軍克拉姆尼克（Vladimir Kramnik）說。

面對同一個局面，三名頂尖棋手可能下出三種不同的棋步。他們**不是**想出接下來十步怎麼走，然後照著走——雖然在外人看來，他們好像步步都經過布局，最終下出計畫好的致勝一步。現任世界冠軍卡爾森在受訪時說：「我擅長感覺局勢的本質，以及我該下哪一步。有時候，你必須選擇感覺對的棋步。」

頂尖棋手憑當前局勢下棋，而非想像很多步之後的棋面，這做法背後有很好的理由。雖然棋局變化有限，列得出所有下法的可能結果，但還是有太多可能性，超乎人類的計算能力——甚至超乎電腦的計算能力。先前ＩＢＭ的超級電腦「深藍」和當時的世界冠軍卡斯帕洛夫交手，展開第一場人機對決的西洋棋大賽。深藍每秒能「看見」一百萬到二百萬個棋步，計算之後的十二步棋，但結果卻是由卡斯帕洛夫獲勝。

然後在雙方進行的第二次對決中，深藍勝出，成為第一部戰勝人類棋王的電腦。深藍獲勝的原因在於，程式人員修改了程式碼，深藍不再純靠暴力法計算未來所有可能的棋步，而是採取跟人類相似的判斷，根據當前局勢來下棋。

這故事能提供我們一、兩個關於個人化成功的啓示。傳統見解和黑馬思維之間極大的一個差異在於目標設定。標準公式教你要知道目的地，但黑馬思維教你要**忽略目的地**。

目的地對體制很有益，對自我實現卻很有害。

目的地無法複製，也無法預知

標準化系統得出標準化結果，這正是當初標準化出現的原因。標準化協定完全是爲了要複製出色的成品——每瓶藥都一樣，每根螺絲都一樣，每條藍色牛仔褲都一樣。因此，體制可說是在追求卓越的標準化。

在標準化時代，你會老想著職業生涯的目的地也很合理，畢竟你在年輕時就需要選擇接受什麼樣的教育，以期走上職業之路。你該讀企管碩士嗎？讀護理嗎？參加紐約的律師資格考試？在標準化協定下，你所選的「標準化卓越」，自然就成爲你的目的地。

黑馬採取另一種觀點。提到卓越，他們認爲自己的特質很重要。現在你已經在這本書裡看見各種不同的特質——個人的微動力、個人的選擇、個人的強項、個人的策略，各式各樣五花八門。這些特質指出無數曲折的歧路，通往無數的卓越。

如何成爲一個出色的小說家？專家說需要數種重要的能力：創造鮮活的角色、寫出精采的對白、設計曲折的情節，以及呈現流暢的敘事。如果我們要像把放射科醫師和土木工程師標準化那樣，把小說家也給標準化，那麼我們也許會要求每個有志於小說家之路的人展現那四種能力。但若是如此，很多好的小說家會被剔除。

犯罪小說家愛爾默·李納德非常會寫對話、角色和精采場面，但劇情鬆散平淡。史蒂芬·金非常會構思劇情，角色卻常面目模糊，失之呆板。托爾斯泰創作出文學史上令人極難忘卻的幾個角色，劇情引人入勝，一路醞釀至高潮，但他有時候會跳出來說話，造成敘事的中斷。也許我們可以認為，一個好的小說家至少要能夠寫出好角色**或者**好劇情，然而波赫士寫出散文般的精采小說，卻無角色亦無劇情。這些作家都寫出絕佳的作品，但不是走相同的路。

黑馬計畫最重要的發現也許是：大家展現各式各樣不同的專業技藝。我們在各領域訪談許多高手，發現他們依自身特質以不同方式追尋技藝，獲致不同成果。卡蘿茲不顧傳統花藝，發展出自己的美學：她喜歡大型作品（有時六公尺高或十二公尺寬，曾在市內打造出人可以在上面走的百合花池配樹林），還喜歡出人意料的搭配（例如把花倒吊、貼在牆上、灑滿亮粉或做成冰塊）。另一位頂尖花藝師佩姬（Laura Jean Pecci）則特別留意花的生命週期。她向她外公學習植物生長、開花和死亡的知識，外公為了記念外婆在後院種了牡丹、玫瑰、三色堇、木槿花、倒掛金鐘，還有其他很多花卉和蔬菜。她說：「植物的生命週期和生物學知識向來會影響我的設計，我會以作品模擬花朵在大自然裡生長的樣子。對我來說，『眞實自然』是最美的設計。」

有關創意的專業會有各種技藝之路，並不令人意外。但更單調的工作呢？訓犬師這種工作當然可以有標準化之路吧？回想一下史丹莉的例子，她在卡加利設計出自己的訓犬方式，採用響片和餅乾等正向強化的方法，效果相當出色。馬夏爾（Abraham Mashal）也是用正向強化的方法，卻是應用了他在美國海軍陸戰隊學到的技巧。

馬夏爾負責訓練犬隻支援戰場任務，有時手邊不會有響片和餅乾。他說：「在伊拉克，你需要狗幫忙聞出土製炸彈的位置，現場只有你跟狗，手邊沒有其他東西能用，這種時候你就必須設法讓狗聽話。」他設計出一種訓犬方法，稱爲「領導訓犬法」，訓犬人拿出耐心和威嚴，以尊重的態度教狗該怎麼做。他從海軍陸戰隊退役後，在芝加哥南方約五十公里的聖查爾斯鎭開了永遠忠實訓犬中心，親自訓練超過四千隻狗。他的訓犬方式既人道又有效，即使不是每條犬隻都適用，但生意非常好。後來馬夏爾決定開放連鎖加盟，如今永遠忠實訓犬中心在全美國已有十二家之多。

如果你相信強項很模糊，卓越很多樣，就該明白你無法預先知道自己能走到什麼地方。既然如此，朝特定目的地筆直前行的意義不大。如果你太早下決心走一條筆直的大道，也許會錯過許多雖然曲折，但卻使你更能達致自我滿足的成功之道。

除此之外，依照標準化協定來設定目的地還有另一個比較不明顯的影響，就是讓你採取有害的時間觀念。

設定目的地的錯覺：以時間衡量進度

管理階層在建立標準化的生產系統時，首先要決定最終的產品是什麼模樣，然後建立一套把輸入化爲產出的標準化程序——也就是「一套最佳方法」。爲了確保一致性和可靠性，管理階層需要密切管控時間。

這就是爲什麼所有讓卓越成爲標準化的生產系統，都會執行一套**標準化時間**的原因。大多數現代中學、大學和員工訓練計畫都是這麼做的，訓練和學習時間都有固定的長度；開始和結束的日期，例如月訓、季訓、學期、學年和財政年度等等，也都被預先決定好。在美國，多數大學生需要讀四年（或修一百二十學分）——無論你是主修行銷、海洋生物學或中文，無論你是讀大型公立贈地大學或小型私立藝術學院，無論你是由諾貝爾獎得主或普通助教授課，無論你學習得快或慢……都是四年。在多數管理顧問公司當資深顧問需要研究所學位，無論你再厲害或再資深都一樣；許多商店的經理需要大學畢業，無論你先前帶過多少團隊或有過多少佳績，也都一樣。

體制確實需要制定標準化的時間，才能促成標準化的卓越。然而標準化時間是對體制有利，不是對你有利。

校方訂立放榜、註冊、課程、期末考和畢業典禮的日期，要求人人遵守，以便於管理。體制要求大家走相同的路、循相同的步調、按相同的間隔、到相同的地方——或說得更直白些，是要你依照他們的日常工作安排學習進度，以利他們管理預算、人員和開銷。

結果之一，是你可以靠「**多少時間過去了**」準確知道自己的進度。如果你在美國剛開始讀大三，等於大學讀了一半。如果你是想當律師的加拿大高三生，你可以算出八年後的哪個月會成為律師開始賺錢。如果你是想當物理學家的十三歲德國學生，你可以推知十一年後的哪個月會進大學擔任教授。

這些全都讓我們相信，我們只要花時間就能成功。

研究人員當初也是通過這個固定進度的教育系統，取得在學界做研究的資格，所以容易落入標準化時間的思維。此外，他們大多數的研究對象也是遵照一套標準化時間，進行學習、訓練或工作。因此，多數探討卓越的研究人員把時間當成獨立變數，認爲是時間帶來專業能力，因而提出看似天眞的問題：「我們需要花多少時間才能成就卓越？」

他們提出各種答案，例如：「平均要花八千小時練習才能精通。」或是：「一般人需要接受十二年的學校教育才能成爲專家。」這類說法符合我們對卓越和時間之間關係的認知，所以我們默默接受，並且加以內化。

但黑馬不願接受這類說法。

在黑馬思維中，時間並不重要。

時間是相對的

一個人需要花多少時間學習和練習，才能通過侍酒大師考試？正確答案是**視情況而定**。這取決於那個人的特質——包括各種微動力和強項。更重要的是，這取決於他在追求卓越時所做的具體選擇。

卡拉漢大概花了五千小時學習和練習，才通過侍酒大師考試；米格大概花了八千小時。不過這些數字本身幾乎沒有告訴我們要如何成就卓越，你若忽略個人特質和策略選擇等變因，直接拿來當作**你**要花多少時間才能通過侍酒大師考試的參考依據，可不太妙。如果卡拉漢執迷不悟，一直靠「記憶小卡」準備「理論」測試，沒有換成適合自己的「小論文」策略，也許最終得花米格的兩倍時間才能通過考試。如果米格一開始就用「生理」策略來準備「品酒」測試，也許只需花卡拉漢一半的時間就通過了。就他們的例子而言，最大的關鍵不是侍酒本身有多難，也不是他們學習能力的高低，而是他們依自身強項找出合適策略的本事。他們必須跨過心裡的一堵牆，體認到需要依自身特質想出一個（或一組）策略，而如此體認並找出策略的時間非常關鍵，遠比找到策略後開始培養實力的時間影響更大。

在黑馬思維中，時間是相對的。進步的速度取決於你選擇追尋什麼機會、決定嘗試什麼策略，因此所花的時間就不一樣。卓越不是來自於花時間，不是滴答的分秒，而是來自你的選擇。你該對任何「建議學習時間」抱持懷疑，對任何標準化的時間進度抱持懷疑，這類設定一成不變，只是針對平均情況，沒有考量你不斷變化的微動力和強項。

你不該問：「平均來說，要花多久才能學好網球？」不該問：「爲什麼我學有機化學的時間比同學多那麼多？」這類問題很沒有意義，不得要領。你只該問自己：「這是適合我的策略嗎？」

標準化協定使你不去問這個關鍵的問題。在標準化協定下，我們不是看見依策略而定的相對時間，而是看見標準化的時間，眼觀目的地，悶著頭前進。我們選擇踏上筆直的大道，接受了這個往往很糟的協定。然而，如果你做出自己的選擇，遵照自己的步調，時間便不再重要，你是在一步一步盡量實現自我，因此得以更爲快速地成就卓越。

從黑馬思維觀之，標準化時間顯然**有礙於**追尋卓越，害你在落後標準進度時失去希望。你休學了幾個學期，眼看別人準時畢業，心裡惶惶不安。你在低階職位載浮載沉，看著別人步步高升，也許感覺人生黯淡。每次你讀到矽谷企業家、職業運動員或醫學院畢業生的平均年齡，也許覺得自己已經錯過良機。連體制對退休的概念都局限住我們，我們感到被世界逐漸推往盡頭。簡言之，由於標準化時間的緣故，我們完全將注意力放錯地方。

然而有個解方：我們可以忽略目的地，關注手中的機會，而非道路的盡頭。

擁抱改變，迎向新的機會

每個年輕人都老是被問：「你長大後想做什麼？」他們往往只好講個答案回應：「我想當工程師。」或：「我想做記者。」起初這只是隨口搪塞，但家人和師長一直給壓力，說要**知道你的目的地**，於是隨口的搪塞時常變成確切的規畫。然而，太早下決心投入某個職業，往往注定以失敗收場，原因在於一個基本事實：改變無法避免。

追求卓越有賴於打造目標，打造目標有賴於讓微動力和機會盡量契合，所以追尋職涯機會的做法有兩個明顯的問題。第一，在你前進的路上，對自身微動力的理解可能會改變；第二，機會本身可能會改變。

我們已經見識到標準化是如何干擾你對微動力的理解，因此在體制裡，要認清真實的自我實在很難。盲目地急著追求更高的教育，很可能讓你認不清自己。然而，就算在非常個人化的教育系統裡，你仍需要做出許多大膽的行動，經歷許多有用的失敗，才能充分了解自己的微動力。你實在無法預先知道，自己的微動力是否契合所選的目的地。

即使你有幸相當了解自己的微動力，也無從得知各種微動力是否會逐漸改變。在追尋成功的路上，你會有無從預料的改變和成長，擁有新的微動力，不再契合多年前所選的目標。不消說，目的地愈遠，你愈可能在半路上對自身有不同的理解。

然而不只是你會改變，世界無庸置疑地也會改變。有些機會在當初你踏上筆直的大道時不存在，後來卻出現了。十年前，社群媒體小編、智慧汽車工程師、品牌體驗設計師和3D列印開發師等職業都不存在。誰知道十年後會有什麼好機會？

黑馬就像西洋棋高手，告訴我們：你不必知道目的地也能成功。但你必須了解自己才行。

「我什麼都有了，卻痛恨我的人生」

朵西（Jenny Dorsey）很小就知道自己的目標：出人頭地。父母從小就灌輸她，成功來自於爬得比別人更高、更快。她說：「我有虎爸跟虎媽。他們認爲人生就是考出完美的分數，贏過所有同學，得到人人稱羨的工作。我自己很好勝，所以從來不曾眞正質疑這個概念。」

她的學業表現出色無比，十五歲從高中跳級，十九歲從華盛頓大學財金系畢業。

「我的成績太好了，害老師很難調分，要先把我去掉才能讓其他同學及格。我通常是全班最聰明的，一整個非常自傲。」大學畢業後幾個月，朵西就進入埃森哲顧問公司擔任管理顧問，薪水很好，獎金很高，還能四處出差，從多數標準來看都是沒話說的職涯起步，尤其當時她還不到二十歲。不過她滿腦子想出人頭地，已經開始盤算如何在公司裡攀上大位。

「我想替時尚業的名牌當顧問，那是最棒的機會，是最好的位置。」她說。可惜公司安排她擔任量販店的顧問，簡直是前途最黯淡，也是最難以升遷的位置。「起先我想：**好吧，至少我可以去紐約，從那裡往上爬**。但後來他們跟我說，我必須在阿肯色州工作，我就想：**喔，免談**。我決定不顧一切往上爬。」

她開始使盡渾身解數，討好上級，張牙舞爪，拚命把同事踩在腳底下，最後終於到曼哈頓替一家全球高檔時尚品牌擔任顧問，僅僅二十一歲就抵達了目的地。

朵西完全實踐了一句格言：「生意歸生意，不是針對誰。」如果你不贊同她，難道她不是在遵照標準化協定的要求嗎？難道她不是在跟別人一樣設法往上爬，只是遠比別人爬得更好而已？體制不就是在提倡這種成功故事嗎？

朵西確實這麼認為。她更新自己在社群媒體上的簡介，向世界炫耀她是多麼耀眼成功。「我什麼都有了，」她長嘆了一口氣：「卻痛恨我的人生。」

雖然朵西抵達了先前一直渴望的目的地，卻完全沒有自我實現的滿足感。「我老想著臉書和 LinkedIn 帳號，常常更新近況，但其實我根本沒有朋友。我怕被他們拖住腳步，那在職場可是生跟死的差別。」她說。她飲食很不正常，半夜暴飲暴食，白天什麼也不吃。「我徹徹底底失控了，根本無法入眠，甚至也無法工作。」

她終於來到了轉捩點。

「我看著鏡子，明白了——**我根本不認識自己**。」

先前她一路順遂獲得世俗的成功，從沒停下來思考自己眞正要的是什麼。「事情忽然變得很清楚，我需要重新開始。目前我還是在爲父母而活，迎合他們的期望，迎合他們對成功的看法，但我需要想辦法認識自己，知道我這輩子眞正想做的是什麼。」

於是朵西辭掉工作，踏上尋找靈魂的漫長旅程。她在咖啡廳沖咖啡，在路邊賣綜合果汁，先後在數間餐廳的廚房工作。她父母大發雷霆，不了解她爲什麼要放棄好好的工作，親子關係更因此決裂。她雖然難過，但明白事情只能如此，畢竟她就是因爲不想迎合別人眼中的成功，才走上這條路。

她逐漸有了人際關係，交到眞正的朋友，還結了婚。先生喜歡眞正的她，支持她尋找自己的路，沒有覺得成功非得是什麼樣子不可。她終於飲食正常，還發覺自己熱愛烹飪，開始上烹飪課，然後到烹飪教育學院註冊報名。爲了一試身手，夫妻倆決定辦一場五道式的晚宴招待朋友。

朵西負責下廚，她先生則負責調酒。「食物很糟，調酒更糟，卻讓我別有所悟。這輩子第一次有東西完完全全屬於我。我決定菜色並製作出來，張羅整場餐會，發揮我的創意，就是做我自己，盡量讓朋友們賓至如歸。」

她覺得很有意思，所以和她先生開始每週辦一次餐會，每次都有更多朋友參加。「然後有一天，甚至有個我們都不認識的陌生人出現。我們發現，哇，大家很愛我們辦的晚宴嘛，我們也辦得很開心，也許可以邁向下一個階段。」

下一個階段需要朵西首次展開大膽行動，善用眞正的微動力。她和先生在紐約租了很大的場地辦晚宴，賣了一百張門票。「我們花了很多錢，預期會賺回來，結果卻虧了一半！那很傷，但我不在乎。辦晚宴實在好好玩。」

她和先生持續設法把餐會愈辦愈好，取名爲「又是星期三晚宴」，因爲每次都是辦在星期三。「我很以這個餐會爲傲。我非常在乎，因爲終於有個東西完全屬於我。好比說，我們有一道菜叫做『對不對亞洲菜』，那道菜深受亞洲菜影響，卻完全不是亞洲菜，就像我是亞裔美國人，不會只有單一面向一樣。另外有一道叫做『法國俏魔法』的菜，其實是很傳統的月餅，裡頭加了紅豆泥和鹹蛋黃，卻是用法式甜點的技法呈現，嘲弄名實不符的事物。」

她的大膽行動有了回報。她和先生搬到舊金山，繼續舉辦又是星期三晚宴。短短一年內，又是星期三晚宴獲評爲舊金山第一晚宴。最後他們搬回紐約，賓客網（Guest of a Guest）稱他們的晚宴爲紐約第一，哥倫比亞廣播公司也稱讚他們的主廚菜單是紐約最好的菜色之一。如今他們的晚宴改名爲「本週三晚宴」，依然叫好叫座。

朵西前三分之二的人生是在追尋別人眼中的成功，後來終於明白自己很重要：「我們以『做自己』打響招牌，一切出自眞實的自我。」

追尋目標，但忽略目的地

黑馬也許會忽略目的地，但不會忽略目標。在黑馬思維中，兩者有清楚的分野。目標永遠出於你個人。更直接地說，目標出自你主動做出的選擇。目的地則是別人口中的目標，你卻拿來用。目的地經常是由標準化體制所定義。

目標很具體，立刻能採取行動。此時此刻你就能嘗試不同策略，朝目標前進。「在截稿日前寫完小說」「在明年提高業績」或「贏得下一場足球賽」都是符合黑馬思維的目標。

相較之下，追尋目的地永遠是**不一定**的——未知，難以預測，一路上還會受到影響。一路上，你採取策略，得到結果，再依據結果改變策略。目的地愈是受未來的發展影響、愈是需要你忽略改變，你就愈難實現自我。「贏得諾貝爾文學獎」「成爲全公司業績冠軍」或「贏得世界盃」都是目的地。

如果你是高中生，「進入哈佛法學院」便是目的地。目的地和你之間有太多的未知和變數，況且目的地本身完全是由標準化協定所界定。不過此時此刻你可以設法達成很多目標，像是讀哲學書籍、贏得辯論社的下一場辯論，以及在當地的律師事務所實習。沒錯，你絕對有可能最終進入哈佛法學院，但更可能的發展是：你追尋一個個目標，更加認識自己，並發現其他更適合你自己的選擇。

目標和目的地的差別也許像是文字遊戲，但並非如此。它們是不同的概念，源自兩個不同的推論系統。忽略目的地時不需要多大的信心。

你只需要相信數學就行。

沒有地圖，如何找到通往山頂的路？

現在想像你極目遠眺，眼前盡是綿延起伏的山嶺，如左頁圖所示。你的任務是爬上最高的山峰。困難的是，這廣大的山區沒人探勘過，你沒有地圖，無從知道地形地貌。你從將近海平面的高度出發，立刻只見層巒疊嶂。你要怎麼找到往山頂的路線？

這不只是一個思考實驗，還是數學家口中的「全域最佳化問題」（global optimization problem）。

你對卓越的追尋，就是一個全域最佳化問題。每個高峰和低谷，代表你可能達到的不同卓越程度，受你個人獨特的各種微動力和強項影響。你可以把每一座山嶺和山谷，想像爲每一次不同的努力。就好像左頁圖中的斜坡與峽谷，你沒有樣樣皆通的能耐，但也幾乎**可以**做好大多數的事情。問題在於，如果你沒有地圖，如何爬上卓越的山峰？

黑馬思維正能處理這個難題。在外人看來，魯洛、赫爾和蘿潔絲就好像是憑著運氣走過曲折的道路，進而達致卓越，而不是依理性而行。然而數學家有一個描述黑馬追尋卓越路程的詞語：

卓越山嶺圖

梯度上升法（gradient ascent）。

這些年來，應用數學家提出各種梯度上升演算法來解全域最佳化問題，找出最短時間可能到達的最高山峰。許多產業常用梯度上升演算法設計產品，包括透鏡、車輛懸吊系統、無線感測網路和資訊檢復系統。

當四個黑馬思維加在一起，就如同梯度上升演算法。

梯度上升演算法是怎麼實行的？首先，你環顧起點附近的山坡，選擇最陡的一座，朝著那個方向爬一陣子之後，停下來，再從這個新的高處環顧周遭，看看是否有更好的攀爬點——更陡的方向。這個流程一再重複，你愈爬愈高，愈爬愈高，終於抵達山頂。這也許不是最快的路，但能穩穩帶你抵達山頂。

這個流程反映出第四章〈了解你的策略〉裡的嘗試錯誤法：你尋找適合個人強項的策略，就是在尋找最陡的山坡。如果你選的策略適合自己，便可以迅速爬上陡坡；如果你選的策略不適合自己，就只能爬得很慢，甚至根本爬不上去。

你採取某個策略一段時間，停下來，環顧四周，看是否有更好的策略——更合適的山坡——來嘗試。「知道你的微動力」和「清楚你的選擇」也在梯度上升法裡。每當採取一個大膽行動，選擇一個嶄新機會，就是爬上新的山坡，有峭壁，有山脊——

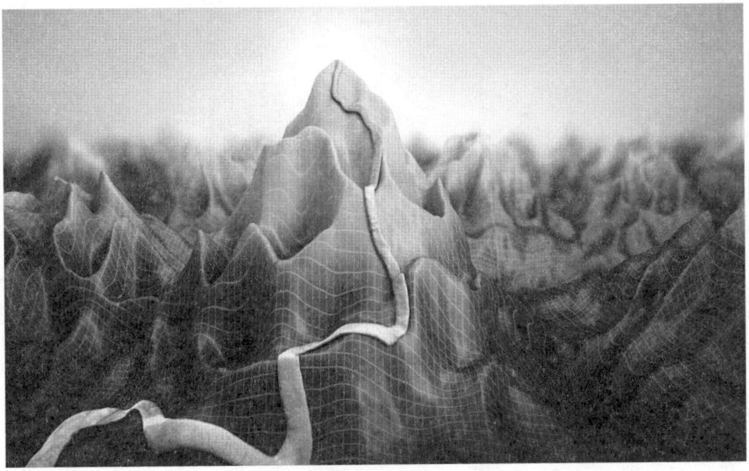

梯度上升法

也許有比前一座更高的山頂。

卓越山嶺圖有一個關鍵重點，有助於我們了解爲什麼黑馬思維遠比標準公式更能讓你成功，遠勝「知道目的地，認眞努力，不屈不撓」。每個人的微動力和強項各不相同，所以卓越山嶺圖也各不相同，你的山頂和山谷是這樣，鄰居的山頂和山谷則是那樣。既然沒有兩個人的山嶺一模一樣，足見沒有一條人人都適用的通往卓越之路。從數學上來看，「一套最佳方法」的概念完全是胡說。

梯度上升法也呈現出目標和目的地的不同。你選擇往新的方向爬，是替自己訂下目標：爬到更高的一個地點，一個從這裡看得到的地點。你不是直接鎖定山峰，原因在於，除非你離山峰很近，否則不會知道山峰在哪裡，也不會知道哪條路線最好。不過如果你是追求短程目標，保持彈性，遇到更好的策略或機會就調整改變，則一定能爬得更高。

相形之下，選擇目的地就是完全不顧山嶺地形，宣稱：「無論如何，我就是要朝XX地點前進！」然而那個XX地點可能無從攀爬、無從接近、不切實際，不符你個人的狀況。

若你相信卓越、強項和微動力因人而異，那麼梯度上升法的數學原理便能說明，你如何能夠在甚至不知道目的地爲何的情況下，卻有辦法抵達目的地。如果你專注於打造熱情、目標和成就，最終將能攀上卓越的高峰。

走在曲折的道路上，不代表漫無目標

梯度上升法解釋了黑馬思維如何幫助你成就自己獨特的卓越。但個人成功的另一面——自我實現呢？

根據《牛津辭典》，「自我實現」（fulfillment）意指「充分實現自身潛能之後的快樂與滿足感」。這定義還不錯，但當然差了一點沒說：**如何實現**。

如何充分實現自身潛能以獲得快樂與滿足感？

標準化思維幫不了你。任何認爲「個人是麻煩」的系統，不會好好支持自我實現。標準化協定宣稱**追求卓越能帶來自我實現**，但這話從來就不對。難怪在標準化時代很少有人能實現自我。

相較之下，黑馬思維最有助於自我實現，直接教你如何把潛能發揮得淋漓盡致：**把你在乎的事情做得更好**。

這是黑馬對個人化成功的形容，概括四個黑馬思維，把梯度上升法化為一組簡單的做法：**更好**就是爬向個人卓越的山頂，憑「了解你的策略」和「忽略你的目的地」追尋成功；**你在乎的事情**就是選擇要爬哪座山，憑「知道你的微動力」打造熱情，憑「清楚你的選擇」打造目標。

這句話也展現了自我實現和卓越是多麼息息相關。唯有把自我實現放在首位，才能攀向卓越的高峰；唯有攀向卓越的高峰，才能實現自我。你需要熱情的幹勁，需要目標的方向，需要成就的自豪、自尊和意義，才能充分實現自我。

當你應用四個黑馬思維，成就和卓越就由你掌控。你不再受命運主宰，而是由你主宰命運。當你著重於把你在乎的事情做得更好，你就不是在亂彎亂繞，而是由眞實的自我引領著，往上攀升。

你不是因爲漫無目標才走在曲折的道路上，而是本來就不可能循著筆直的大道。

即使攀上高峰，也不停下腳步

雖然蘿潔絲在洛杉磯論壇體育館替王子錄音是她人生極其輝煌的時刻，但這不表示她曲折的路程就此到了盡頭。他們繼續合作了三年，最後她明白是時候找新的山爬了，於是和王子好聚好散。蘿潔絲搬回洛杉磯，打造她的新目標。

起先，有幾間唱片公司聘請蘿潔絲擔任錄音師，參與混音工作。後來她的名號愈來愈響亮：技藝非凡，出色可靠，不僅跟脾氣壞的搖滾歌手處得來，甚至跟任何歌手合作都游刃有餘。於是她一躍成爲唱片製作人。

一九九〇年代，蘿潔絲替許多歌手與樂團製作唱片，例如暴力妖姬合唱團、大衛·拜恩、無爲合唱團（Rusted Root）、羅賓·福特、蓋提·塔赫樂團（Geggy Tah）和賽琳娜。二〇〇〇年，她成爲音樂產業界罕見的**成功**製作人。

蘿潔絲相當程度實現了自我，攀上另一座卓越的高峰。然而她的微動力仍持續在改變。在四十歲大關前，她明白做出大膽行動的時候又到了。

「我開始對人腦感到興趣。」她說：「我沒有對音樂失去興致，只是開始想，如果當年我去上大學會怎麼樣。也許我會讀理科。我向來喜歡探究事物的原理，尤其對意識很有興趣，這輩子都很好奇：頭腦裡是不是有什麼東西，讓某種音樂令你『怦然心動』？」

蘿潔絲決定去上大學，學習認知科學，希望成爲大學裡的研究人員。先前她整個還為他製作了熱門專輯。他用指頭敲了敲桌子：「不過呢……蘿潔絲，看來妳真的超想讀。恭喜，妳錄取了。歡迎來到明尼蘇達大學！」

蘿潔絲當年四十一歲。雖然她一心想學習大腦科學，但擔心學習能力會隨著時間而下降。然而開學後，她赫然發覺自己讀得無比有勁，求知若渴。另外，雖然她曾在男性主宰的音樂圈裡成功嶄露頭角，蘿潔絲仍對中年的自己要跟十幾歲的高一學生待在同一間教室感到擔心。但是開學後，她卻發覺同學都很喜歡她，爭相邀請她參加他們的讀書小組。「我在明尼蘇達大學度過最放縱自己的四年。」她說：「成天就是學習和讀書。而且我知道自己為什麼選擇來到這裡，知道自己想做什麼，所以那真是一段很美好的時光。」

畢業後，她申請到加拿大麥基爾大學的音樂認知博士班，師從在這個領域執牛耳的大師列維廷（Daniel Levitin）。博士班一畢業，她立刻獲得波士頓伯克利音樂學院的教職，至今還在那裡任教。這份工作很適合她。她確實希望把更多時間投入研究，如今她是備受稱譽的學者，教著喜歡的課，很愛學生，過著想過的生活，跟當年那個被家暴的高中輟學生有著天壤之別。

「現在我非常快樂。」她說：「不過我承認，我做了些痛苦的犧牲才來到這裡。

不是每個人都需要做出那些犧牲。不過我很滿意這個選擇，因爲這是我自己決定的。我只是希望未來的年輕人可以自由做出自己想做的選擇，而無須做出和我同樣的犧牲。我們要設法讓後繼的人可以輕鬆一點。」

間奏

靈魂潛能的戰爭

如今主管……憑科學挑選工人，然後訓練與教導他們，至於以前則是自己選自己的工作，盡量自己訓練自己。

——弗雷德里克．泰勒（Frederick Taylor，美國實業家）

快樂的關鍵是找到自己適合做什麼，並緊握做那件事的機會。

——約翰．杜威（John Dewey，美國哲學家、教育家）

在〈前言〉中，我們說這本書最主要是黑馬思維的實用指南。那份指南如今已經寫完了。

現在你知道標準化協定如何影響你看自己的方式，也知道了有另一種思考人生各種可能性的方式。然而，標準化思維和黑馬思維不只是看待自己的相反方式，還是看待別人的相反方式，因此，在我們如何最能幫助別人充分發揮潛能上，這兩種思維也提出相反的方法。

這兩種思維從根本上對我們該如何對待彼此，抱持南轅北轍的相反觀點。我們在下頁表中用左右對照的方式，呈現這兩者有著什麼樣的對立。

一一列出後，兩種思維的迥異清楚可見。它們對成功的詮釋全然不同，你無法這邊取一點、那邊取一點地腳踏兩條船，沒有站在中間這回事。兩種思維對個人卓越的觀點互相矛盾，對社會該如何建構系統的態度也南轅北轍。

兩種思維互相衝突，如同人類靈魂潛能的交戰。

你必須選邊站才行。

標準化思維與黑馬思維對照表

標準化思維	黑馬思維
忽略你的微動力	發覺你的微動力
忽略你的選擇	清楚你的選擇
忽略你的策略	知道你的策略
知道你的目的地	忽略你的目的地
追求卓越會帶來自我實現	追求自我實現會帶來卓越
知道目的地，認真努力，不屈不撓	把握自己的特質，充分發揮自己，從而成就卓越
跟別人一樣，但做得更好	做最好的自己
以體制為重	以個人為重
標準化的卓越	各式各樣的卓越
普遍動力	微動力
跟從你的熱情	打造你的熱情
挑揀	選擇
運氣	適合
不屈不撓	嘗試錯誤
目的地	目標
標準化時間	相對時間
個人是麻煩	個人很重要

第六章

唬過眼睛，騙過靈魂

有人曾對哲學大家維根斯坦說，哥白尼之前的中世紀歐洲人還眞蠢，竟然看著天空心想太陽在繞著地球轉……據說維根斯坦這麼回答：「是呀，但我蠻想知道，如果太陽『確實』繞著地球轉是什麼樣子。」

——詹姆士·柏克（James Burke，英國科學史學家）

擺脫乍看之下明顯的認知

一六三二年，伽利略出版《關於兩大世界體系的對話》（*Dialogue Concerning the Two Chief World Systems*），標記我們對宇宙認知的翻轉。書裡探討地心說思維和日心說思維的長年爭論，指出爭端源自雙方對一個基本現象的不同認知。

那就是：**引力**。

相信太陽繞著地球轉的人認為，地球是引力唯一的來源，所以是一切的中心，其他天體沒有引力，全被地球的引力所吸引。

相信地球繞著太陽轉的人則不然，他們認為**所有**天體，包括太陽、行星、彗星甚至月球，全都有引力。

在伽利略這本書出版之後，許多學者站在中間，期望有方法調和這兩種架構。有些學者尋找「調和公式」，以期把地心說的數值轉成日心說的數值，就像把華氏換成攝氏。然而從引力來看，這兩個體系架構就是沒有可能調和的。

舊思維認為「只有一個獨特的星體有引力」，新思維認為「所有星體都有引力」，兩種思維無法同時成立。

在人類靈魂的潛能方面，標準化思維和黑馬思維同樣無法調和。這兩種思維的所有差異，皆源自對**人類潛能**的相反看法。舊思維認爲「特殊的人才有天分」，新思維則認爲「人人都有天分」，兩種思維無法同時成立。

你必須選邊站。

對引力的兩個相反理論帶來極大的歧見，一邊認爲地球是宇宙中心，一邊認爲宇宙沒有中心，地球只是無數行星之一；對人類潛能的兩個相反理論也帶來極大的歧見，以迥異觀點解讀個人與體制在這個「社會宇宙」的相對角色。標準化思維認爲，只有極少數人能成就卓越（所以只有極少數人能實現自我），體制該挑出別具天分的個人，好好獎勵他們。黑馬思維認爲，人人能成就卓越並實現自我，體制該協助所有個人把潛能發揮得淋漓盡致。

從舊思維跳到新思維的最大阻礙，仍是要擺脫乍看之下明顯的認知，而這跟四百年前並無二致。乍看之下，確實**明顯地**唯有地球具有引力，就像**明顯地**只有特殊少數是別具天分的。

然而就像伽利略以望遠鏡所展現的，那都只是錯覺。

鐵幕下的標準化思維

蘇聯從二戰結束到一九九一年垮臺之間，是全球出現最多人才的地方。多年來，美、蘇兩國在奧運上互別苗頭，蘇聯總計贏得較多獎牌與金牌，是歷年平均贏得最多奧運獎牌的國家。蘇聯的演奏家、作曲家、歌劇家和芭蕾舞者稱霸國際比賽。西洋棋也是蘇聯的天下，在一九四五年到一九九一年間，全球總共出現十七位西洋棋冠軍，其中有十六位是蘇聯棋手。蘇聯在數學上也擊潰美國，蘇聯集團國家在國際數學奧林匹亞競賽贏得二十六次冠軍，美國只贏兩次。冷戰期間，兩國爆發過少數空中衝突，蘇聯飛官擊落的軍機是美國飛官的五倍。雖然美國最終取得太空競賽的最大獎——讓**人類**首次踏上月球，但從一九五〇年代到一九六〇年代末尾，共產蘇聯打得富裕西方難以招架，搶下太空競賽的所有「第一」，包括第一顆人造衛星、第一隻上太空的動物、第一個上太空的人類、第一位上太空的女性、第一次登陸月球、第一次星際探測、第一次太空漫步，以及第一座太空站等。

雖然蘇聯的經濟慘不忍睹，極權政府否定個人自由，但綜觀冷戰期間，蘇聯的人才跟美國不相上下，甚至美國人自認在多數競爭裡落居下風。一九八〇年的冬季奧運，美國的冰上曲棍球隊擊敗蘇聯隊，大加歡慶這個「冰上奇蹟」，原因不在於這場比賽象徵兩國的長年敵對，而是在於蘇聯隊數十年來把美國隊壓在地上打。費雪（Bobby Fischer）贏得西洋棋世界冠軍之後，成爲美國的英雄，原因在於，沒人想像得到美國棋手竟然能跟蘇聯棋手一較長短。

我們不該對蘇聯的人才能跟自由世界互別苗頭，感到如此訝異，畢竟蘇聯的人才培育系統跟其他國家並無分別，甚至更好。

最強的人才能爬到頂端：人才很稀少？

蘇聯從一開始就擁抱標準化協定。在蘇聯，卓越之路只有一條——筆直的一條。無論在學界、體育圈、藝文界或其他領域，蘇聯集團國家打造了一道人才的階梯，任何有志的學生、運動員或藝術家都得一級一級往上爬，爬到最頂端。各階段晉升的標準非常公開透明：你必須比同儕表現得更有本事。

第一級階梯通常是中小學的「社團」，像是游泳社、物理社或芭蕾社，所有學生都能參加。此外還有特殊學校，例如音樂學校和工科學校，七歲小孩通過入學考就能就讀。大家互相較勁，看誰能晉升下一級。

晉升下一級之前，大家按各領域的標準互相比較，例如一百公尺短跑的秒數、物理考試的分數或是大提琴獨奏的表現，表現較佳的人晉升到下一級，其他人被體系無情地一腳踢開。人才每過一關，就有更多資源，更加認眞精益求精，面臨更加激烈的競爭。

舉例來說，克芮格（Heidi Krieger）當年是個十歲小女生，體育表現亮眼，老師鼓勵她到東柏林參加田徑隊（東柏林所在的東德屬於蘇聯集團國家）。訓練員看見她的過人特質，四年後讓她進入城裡很好的體校。校內有辦比賽，未達標準的學生必須在兩週內離開，而她從來就不會是其中一員。克芮格相當擅長鉛球，入學僅兩年就在東德斯巴達克青少年運動會斬獲第二名的好成績，進入國家資助的柏林迪納摩體育協會，跟其他體育好手齊聚一堂，接受這個鐵幕國家最好的訓練。一九八六年，也是克芮格憑其出色表現逐步爬向梯頂的第七年，她在歐洲錦標賽贏得女子鉛球冠軍。

這是蘇聯體制下的運作方式，如果你聽起來很熟悉，原因在於蘇聯是移植所有民主國家的那套人才培育方法。在美國，你高中階段需要贏過所有人，才能進最好的大學；在大學階段贏過所有人，才能進最好的研究所；在研究所階段贏過所有人，才能進最好的公司；在公司贏過所有人，才能升上最好的職位。

依結構、運作和成果而論，蘇聯和美國的教育系統簡直一模一樣。為了成就卓越，你必須爬上標準化的階梯。為了更上一級，你必須比同儕展現出更多能耐。最強的人才能爬到頂端。

所有遵照標準化協定的國家都是使用同一套人才培育體系，原因出在對人類潛能的相同假設：

人才很稀少。

人才稀少不是真理，而是體制造成的結果

我們絕少質疑「人才很稀少」這個觀念。很明顯，人才本就是鳳毛麟角，才會只有寥寥少數人爬上頂端。極少有人能加入國家田徑代表隊，極少有人能代表國家參加數學奧林匹亞競賽，極少有人能憑學業或體育表現贏得獎學金，極少有人能加入波士頓交響樂團，極少有人能成為《紐約時報》暢銷作家，極少有人能成為美國太空總署的太空人。

這在高等教育最顯而易見，極少有人能錄取大學名校。普林斯頓大學每年收約一千三百名學生，耶魯大學也一樣；麻省理工學院和哥倫比亞大學每年收約一千四百名學生；哈佛大學和布朗大學每年收約一千六百名學生；史丹佛大學每年收二千多名學生。美國可是有三億三千萬人口，名校錄取人數相形之下眞是寥寥可數。

我們直覺認爲，人才占人口比例很少，所以名校只收很少的學生。但重點卻是：沒有哪間學校是先評估過所有申請者的表現，再決定錄取多少學生，而是事先決定錄取名額，不隨整體申請者的表現好壞而有所增減。更準確地說，他們並未錄取**所有**合乎資格的學生，只是接受預設的名額人數。

換個說法，頂級名校是在強加**人才限額**。

各大學最初採取限額有其道理。在標準化時代，大學校舍實際能容納的學生人數確實有限——教室的座位數就是這麼多，宿舍的床位就是這麼多，校園能容納的師生人數就是這麼多。當二十世紀初申請大學的學生人數暴增，公私立大學自然會設定錄取人數，否則實在無從負荷（如今則因其他理由而限額，尤其是爲了維護名校的金字招牌）。

然而這個做法卻表示，各大學明明還不知道多少學生有潛能，就先決定了多少學生有可能成就卓越。自我加諸的錄取人數已定，多少申請者有才能並不重要。

舉凡國家田徑代表隊、數學奧林匹亞競賽代表隊、體育獎學金、學業獎學金、波士頓交響樂團、《紐約時報》暢銷書排行榜和美國太空總署都有限額。波士頓交響樂團遇到多位才華洋溢的小提琴好手，不會替演出多加一排小提琴的位置；《紐約時報》遇到很多書締造亮眼銷售佳績，不會把暢銷書排行榜加長三倍；美國太空總署遇到非常多出色的申請者，不會額外多訓練三十位太空人。

我們眼看只有極少數人**成就**卓越，所以認爲本質上只會有極少數人**具有潛力**。很明顯，人才本即寥寥可數——然而，這只是眼睛被蒙住了。

在標準化協定下，人才的稀少不是眞理，而是體制造成的結果。

大學排名眞能反映實際情形？

一旦設下限額，當然需要設法決定錄取誰與刷掉誰。如果人人一模一樣，篩選學生就很簡單。你需要一千個學生，就隨機錄取一千個申請者。這才是眞正的人才**培育**系統：協助**任何**想成就卓越的人發揮潛能。

然而，就連標準化最忠實的擁護者，都承認人人皆不同，沒有兩個申請者一模一樣。因此，所有人才培育的標準化系統需要有一套標準，以決定誰能金榜題名。最明顯的標準是區分「已經顯露才能的人」和「尚未顯露才能的人」。這絕對合理——但這樣就不是在**培育**人才，而是在**挑選**人才。

因此，**標準化系統意在培育人才，卻其實是在挑選人才**。

現在想一想資優班。在多數美國學校，資優班的篩選標準是在智力測驗等標準化考試裡名列前茅。資優班不是在**培育**任何想讀的學生，而是在**挑選**原本已經符合「資優」標準的學生。我們可以想像資優班接受所有想讀的學生，協助他們了解自己的動力和強項，但實際狀況並非如此，資優班跟任何標準化教育系統如出一轍：挑選**看起來**像是贏家的學生。

教育系統確實是我們唯一重在衡量原料而非最終產品的系統。新聞雜誌《美國新聞與世界報導》以「學術卓越指標」替大學排名，錄取學生的在校成績和SAT考試分數是兩大指標，錄取率也是一大指標。但最受重視的指標是什麼呢？無非是各大學高層的意見。實際上課學生的意見呢？卻一點都沒有被採納。

事實上，多數家庭在乎的事情，諸如畢業生的起薪、畢業生找工作所需的時間以及工作滿意度等，都沒有被採納。根據《美國新聞與世界報導》，這些都不是「學術卓越指標」。唯一涉及學生感受的指標是畢業生的捐款率。

現在我們想一想前兩段所說的情形。那些排名完全**沒有**反映人才培育的實際情況。當學校採取限額錄取，我們最終是在乎學校怎麼想，而不是學生、家長或雇主怎麼想。我們最終更在乎學生怎麼錄取，而不是學生怎麼畢業。

我們對此感到習以爲常，不加抗議，可見有多麼深陷其中而不自知。每天各種社經背景的家庭靠這類排名決定要申請哪些學校、要花多少學費，但一旦把排名拆解開來，我們會發現所謂的排名完全不是在談發揮我們的潛能，而是在談如何從限額裡占個位子。

然而，就算我們同意體制沒有一視同仁地對待所有具備才能的個人、給予相同的成功機會，我們也許仍會認爲體制所選的人值得這些機會。我們不抗議限額制度的原因在於：我們相信體制是依據客觀標準，給予成功的機會。

限額錄取與客觀標準的兩難

所有衡量才能的標準有一個特點：預先決定的固定門檻。你超過門檻，就是有才能；你沒過門檻，就是沒有才能。「標準」這個詞根據字典的定義，就是指固定的衡量指標。再簡單不過。

正因如此，標準才客觀有效。侍酒大師考試是非常貼切的例子。爲了通過考試，你必須考得比固定的分數門檻更高分。考駕照亦然，在美國多數州你一定得通過筆試和路考才能領到駕照，各自的通過分數公開透明，不會更動。如果你其中一項的分數不夠，就領不到駕照。

根據定義，標準不會因人而異，也和別人的表現無關。如果前一個考生在路考時撞到郵筒，你的通過標準不會隨之改變；如果後一個考生在侍酒大師考試考出滿分，你需要考到的分數也不會改變。主考官不能一時興起調高或降低錄取門檻。就算路考的主考官認爲遵守速限比路邊停車更重要，也不能把遵守速限的分數占比調高，把路邊停車的分數占比調低。

各機構的標準維持不變，所以贏得大衆的信心與信任。我們認爲，人才很稀少的一大原因在於，我們假定各機構是以一套相當嚴謹的標準在衡量誰值得擠進窄門，理所當然地認爲「嚴格篩選」等於「高標準」。

然而所有標準都有一個非常關鍵的局限，從而造成深遠的後果。當你替人才衡量訂立一個固定的門檻，就無從預先得知有多少申請人能通過。

如果只有一個考生通過侍酒大師考試的分數門檻，就只有該考生成爲侍酒大師；如果有一百位考生通過侍酒大師考試，就會有一百位考生成爲侍酒大師。在過去十年間，每年美國各州共有約三百萬人通過駕照考試，但準確數字變動甚大，增減幅度多達幾十萬人。

爲什麼這個差異如此重要？原因是各機構因此面臨無可避免的兩難，**任何**人才培育的標準化系統都無法做到公平公正。

如果一間學校採取錄取門檻，則所有通過門檻的申請者都該錄取，事前無從知道人數會是多少。

但如果一間學校採取限額，則必須錄取事先決定好的學生人數，無論出色的申請者有多少也一樣。

兩者人數幾乎可說絕不會相同。

最簡單的解決之道是擇取其中之一。要不就採取限額，但這樣便無法使用客觀標準；要不就訂好標準，這樣便只能放棄限額。

但每個學校偏偏兩者都想要。他們既想靠訂立標準贏得大衆的信任，又想享有限額的效率（及窄門的品牌形象）。他們不做選擇，而是決定跟天文學家托勒密一樣，使用同一招來解決矛盾。

這招就是：作弊。

作弊的評選標準：才能等分點

一千多年來，天文學家和其他學者都相信地球是宇宙的中心，而且能準確預測行星、彗星和日月蝕的出現。爲什麼他們的認知完全錯誤，卻能做出正確預測呢？方法便是靠著一堆混亂的方程式。這個數學體系出自西元二世紀出版，由古希臘天文學家兼數學家托勒密所著的《天文學大成》（*Almagest*）。

《天文學大成》裡的方程式則是依據更早的方程式——古希臘天文學家喜帕恰斯（Hipparchus）所彙整的地心說方程式。只不過托勒密發現喜帕恰斯的方程式不完整，並未解決矛盾。

多數古代天文學家認爲，行星一定是以相同速率繞著地球轉。雖然喜帕恰斯的方程式能準確預測行星位置，算出來的行星卻會加速、減速，甚至倒退。依照喜帕恰斯的方程式，如果行星繞著地球轉，速度會變來變去；如果行星等速運行，則必然不是繞著地球轉。

一個解決矛盾的方法是徹底否定地心說，改採日心說，伽利略和牛頓就是這樣做的。然而托勒密卻選擇了作弊，編出「等分點」（equant）的概念，帶來皆大歡喜的結果——既維持地心說，又保持行星運行的速度不變。

等分點是可以讓計算出來的軌道如你所願的一個空間中的位置。數學家客氣地稱等分點爲「自我定義」——你想找什麼答案，等分點就替你分配所需的數值。

一千四百多年來，沒有人質疑過等分點。畢竟等分點一用，地球就仍是一切的中心，一切按你所想地運行。用等分點預測天體位置確實有些錯誤，且隨著時間過去愈形嚴重，但既然計算結果符合直覺認知，又沒有其他替代的方法，《天文學大成》便仍是中世紀天文學的金科玉律，「那套最佳方法」。

在整個標準化時代，人才培育系統也以自己的等分點換取所要的結果，既保留配額，又讓大衆錯以爲他們採用了客觀標準。

我們把這招稱爲**才能等分點**。

評審握有生殺大權，憑個人標準挑選由誰勝出

約翰·霍普金斯大學的錄取標準是什麼？麻省理工學院的錄取標準是什麼？《美國新聞與世界報導》列出排名前百大名校的評選標準是什麼？

每個提問的答案都一樣：**視情況而定**。

標準取決於其他申請者，取決於學校當下的需求，取決於主考官的主觀見解，但**沒有**取決於對你個人才能的公正衡量。換言之，沒有客觀標準。

所有限額制的大學都要申請者繳交特定資料。在美國，這些資料幾乎都包括在校成績和大考分數。大學明確建議申請者取得優異的成績和分數，這聽起來無疑是衡量才能的客觀標準。那麼爲什麼這不成標準呢？原因是學校對「優異」採取了自我定義的方式。

你在SAT沒有一定要考出幾分，在校平均成績沒有一定要超過幾分，**固定**的

標準付之闕如。反之，大學會依限額人數彈性調高或降低錄取門檻。

某間大學可能決定錄取某個在校平均分數夠高的佛羅里達州學生，卻不錄取另一個在校平均分數相同的德州學生；錄取某個SAT高分且論文筆調幽默的學生，不錄取另一個SAT同樣高分但論文沉悶的學生；暑假在瓜地馬拉蓋房子的小提琴手獲得錄取，暑假在烏干達教英文的長號手沒有錄取。這類浮動標準舉也舉不完，如同「才能等分點」。

既然沒有客觀標準，對才能的衡量就成了自由心證。各大學採取**什麼**標準並不重要，或者說採取**多少**標準並不重要。無論大學是只考慮在校平均成績，還是採取包括一百個不同項目的「整體審核」，除非依照預先訂好的固定標準來衡量每位申請者，否則就是主觀拼湊標準，可自由獲得想要的結果。雖然整體審核常顯得比非整體審核要好，卻並未解決背後的兩難，依然沒有妥善衡量多數學生，卻納入更多等分點，讓主考官更能自由地依其個人認知來挑選申請者。

如果各大學真的想客觀地衡量申請者，**而且**採取限額，有個方法無疑比等分點更公平，那就是：樂透。大學可以先公布標準，篩選出通過標準的申請者，再依錄取名額抽籤決定要錄取誰。這方法顯然遠不如完全廢除限額來得公平，但至少比自我定義的等分點更加公開與公平，而且能破除一個完全缺乏根據的感覺，也就是：只有錄取的申請者才優異。各個名校甚至能公布通過標準的申請者名單，當中沒抽中的人能對潛在雇主或其他學校說，他們無庸置疑「具備上哈佛的實力」。

「才能等分點」不只是大學的問題，任何有限額的機構與組織都面臨等分點的問題，連乍看之下不太依自我定義標準來衡量才能的領域也不例外，例如體壇就是。多數中學校隊有限額，所以有些學生錄取，有些學生淘汰。只要有限額，無論原因是什麼，對個人潛能的評估就依主考官而定。

舉例來說，蘇聯對女性鉛球選手採取武斷且主觀的衡量方式。教練當然會依投擲的距離來衡量選手的表現，但也會考量她們跟自己認知的鉛球好手**看起來**是否體型相近——也就是跟男性鉛球好手是否體型相近。因此，蘇聯集團國家往往會找出體格像男性的女性鉛球選手，並對她們多加鼓勵。克芮格十幾歲時肩膀寬闊、胸部平坦、臀部窄小、手臂粗壯。雖然她客觀來說鉛球擲得很好，練習無比認真，但早早獲得大好機會的主因便在於她符合蘇聯對鉛球好手的主觀認知，如果她身體單薄、曲線玲瓏，絕對會被蘇聯的人才培育體系給埋沒。

現在想想「才能等分點」如何維護標準化協定。標準化協定要求你知道目的地，認眞努力，不屈不撓，以期一路爬上階梯，達到標準化的卓越；但衡量你是否能爬向更上一級的標準並不透明，而且變來變去。我們的人才培育系統乍看公平公正，但其實我們每個人有如被迫參加選美大賽，央求著：「選我！選我！選我！」評審握有生殺大權，憑個人標準挑選由誰勝出。

人才並不稀少，證據就是：黑馬

地心說的錯誤假設是由整個社會維持。一般民衆從窗戶望出去，親眼看到太陽繞著地球轉。備受尊崇的學者也說，他們特殊的方程式佐證了民衆的認知。

你當然知道地心說的結局：後來眞相浮現，等分點被拆穿。然而光是像哥白尼那樣揭露等分點的錯誤還不夠，有兩件事同樣需要發生，社會才能拋開地心說，迎向日心說。第一，我們需要具體**證明**地心說有誤，憑鐵證指出，地球不是宇宙裡唯一有引力的天體；第二，我們需要等分點的**實際替代品**，如果每個天體確實都具有引力，我們便需要一套新的邏輯公式，對宇宙的運行做出實際可行的預測。

第一個提出鐵證，證明地球不是宇宙中唯一具有引力的天體的，是伽利略。他以望遠鏡觀察木星，發現有四顆衛星繞著木星轉，顯見原本的認知是**錯誤的**，其他行星也有引力。當人們開始親眼去看木星的衛星（沒嚷著頭痛），就知道地心說的基本假設無疑是**錯誤的**。

標準化思維認為人才少之又少，如果要推翻這個看法，我們只需要以望遠鏡觀看「社會宇宙」，看不在階梯頂端的其他人是否也具有才能。換言之，我們需要明確證據指出，在標準化體制之外，還有各式各樣的才能。

幸好證據就在周遭，俯拾即是。

證據就是黑馬。

不需符合體制的樣板，也能有出色的表現

美國鉛球選手卡特（Michelle Carter）若是蘇聯人，在階梯的第一級就會被刷下來，而這不僅僅因為她是位非裔美國人。首先，她的體型和克芮格截然不同。卡特的身材比克芮格結實有肉得多了，有些人甚至會說她肉感。卡特年輕時還曾因身材被取笑，甚至被羞辱。她體重高達一百一十六公斤，而克芮格只有七十四公斤。此外，卡

特不像克芮格那樣上半身力氣過人，她在中學和大學時，只能做一下伏地挺身而已。整體而言，她的身材完全不像典型的運動員。

「有時候外表會騙人。比方說，我就比外表來得敏捷。」卡特說：「我也比大多數選手的彈性更好，做得出很多他們做不了的動作，更能善用力矩的作用。我很早就學到如何善用雙腳，這是我的最大利器，我的大腿相當結實粗壯，而且我知道力量來自雙腿而不是手臂。」

二〇一六年，卡特參加里約奧運，憑自己的方式投出二十·六三公尺的佳績，創下美國的新紀錄，把金牌帶回家。「你不能以貌取人。」她說：「你不能只想找特定體型的人。有些人就是很行，只是體型不同。」

卡特的才能打破既有的樣板，但她並非特例。我們訪談的黑馬個個不同，他們不符體制的樣板，卻都有出色的表現。

然而，指出標準化思維的錯誤並不難，舉出許多人被體制否定卻仍成就卓越也沒什麼。如果我們想打造公平的好系統，眞正需要的是一套合理的構想，解釋爲什麼每個人都能夠擁有才能，我們又該如何依這個概念設計出新的系統。

新系統的誕生

最終取代托勒密等分點的，是牛頓的萬有引力定律。牛頓的理論精準明晰，勝過拉拉雜雜與自我定義的等分點運算，並且解釋了日心說**如何**實際運作：兩個質點彼此之間有相互吸引的作用力，和距離平方成反比。奠基於牛頓的定律，後來愛因斯坦提出廣義相對論，天文學界也認爲宇宙正在擴張且廣大無盡。

《黑馬思維》不是第一本提倡人人都有才能的書。這個信念可以一路回溯到不少古代哲學家，只是遲至啓蒙時代才冒出頭，在那個首次全然擁抱個體性的時代蔚爲主流。然而先前所欠缺的，是對人類潛能的萬有引力定律，用以解釋爲何不只是少數人，而是人人都擁有才能。幸運的是，個體性科學提出了這樣的定律，做爲其基本概念。

這就是鋸齒狀特性（jagged profile）。

鋸齒狀特性：人類智性的多元面向

你聰明嗎？標準化體制下的主考官常會問這個問題，以各種衡量智力的標準化基準來決定答案。最常見的就屬智商分數。

智商是對心智能力的單維衡量，呈現由高到低的連續分布，把一切簡化爲單一數值。根據智力測驗的設計，一百分是一般平均，一百三十分是天才，七十分則是設計者當初所稱的「低能」，後來改爲「輕度障礙」，如今稱爲「認知遲緩」。

這些標籤反映了智力測驗背後的態度和意向。

智力測驗如同衡量智力的完美指標，所以許多學校把智力測驗的分數列入錄取標準。即使是最不碰數學的主考官，都能輕易判斷兩個學生的聰明程度，他只消比對一個數值：誰的智商比較高？

智力測驗衡量心智能力數個不同的面向，每項都有分數，得到的平均值就是智測分數（智商）。舉例來說，「魏氏兒童智力量表第四版」（WPPSI-IV）是最常見的幼兒智力測驗，測驗十種面向的心智能力（如符號尋找、物型配置和詞彙理解），每個面向各有一個分數。

對標準化思維來說，這些各項分數沒什麼用。畢竟標準化思維把個人當成麻煩，與其有複雜的多項分數，不如化約爲單一數值，便於把學生從聰明排到愚笨。

但對黑馬思維來說，個人很重要——所以各項分數很重要。在衡量心智能力方面，黑馬思維揚棄單維的智測**分數**，換成多維的才智**圖形**。

爲了了解圖形的威力，現在請看下頁附圖，圖上呈現了兩個麻州男孩在「魏氏兒童智力量表第四版」的各項分數。哪一個男孩比較聰明呢？

光是比較他們各項分數的圖形，很難判斷誰比較聰明，所以人自然會想躲回單一數值背後。然而黑馬思維認爲，多維圖形遠比單一數值更能反映兩個男孩的強項。

這個之字形的線條圖就是「鋸齒狀特性」。

鋸齒狀特性在個體化科學裡有明確的定義：多維特質的衡量，各維之間爲低關連度。低關連度就是指很難靠其中一個面向的數值，預測另外一個面向的數值。美國股市和英國股市關連度很高，因爲當美國股市上漲時，可以預測英國股市可能會上漲。美國股市和英國天氣則關連度很低，即使美國股市上漲，你也很難據以預測英國會不會下雨。

超過一個世紀以來的研究指出，人類智性的多數面向，彼此之間的關連性很低。字彙量大，不代表擅長寫作；三角函數強，不代表微積分強；擅長記名字，不代表擅長記曲子。

所以哪個男孩比較聰明？讓我們再看一次他們的鋸齒狀特性。其中一個遠比另一

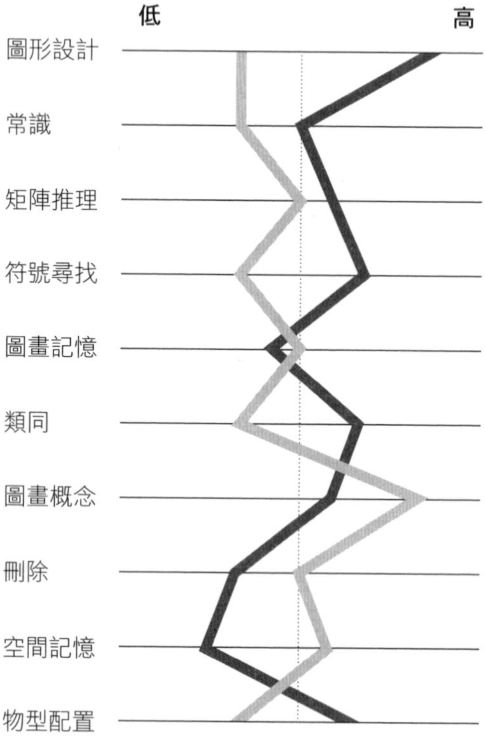

兩個男孩的鋸齒狀特性圖

個更擅長**四個**面向，包括圖形設計、符號尋找、類同和物型配置；另一個則更爲擅長三**個**面向，包括圖畫概念、刪除（某種影像處理）和空間記憶。你也許猜測我們是想難倒你——兩個男孩的智商差不多。

你這樣猜就錯了。

一個男孩測出來的智商是一百一十七分，贏過八十五％的人；另一個男孩是九十八分，贏過四十五％的人，大概位於中間值。根據標準化思維，一個男孩很聰明，另一個男孩在平均以下。這個智商差異表示，他們之後得到的教育資源和機會可能不同，一個或許能讀資優班，另一個則不能。差異逐漸擴大，成年後的成就便大不相同，因爲一個得到更多發展才能的支持，另一個則否。

黑馬思維的看法則截然不同。以黑馬思維來看，兩個男孩的鋸齒狀特性不同，代表他們各有不同的潛能。兩人的強項不同，所需的策略或許也各有不同。一個男孩也許會考慮以實物爲重的策略，另一個男孩也許會考慮以圖像爲重的策略。他們的潛能主要取決於整體心智能力，包括「魏氏兒童智力量表第四版」測不到的許多面向。不過請記得，根據黑馬思維，最關鍵的是他們的微動力——而這沒有任何智力測驗會檢測到。

情境也具有鋸齒狀特性

鋸齒狀特性是一個概念基礎，呈現卓越的多元面向，說明為什麼人人都有才能。若謂「人人皆有所長」，可不是一廂情願。人類科學把個人的生理、心理和情緒拆解為各種面向，總會發現每個人在某些方面有高於平均的能力（某些方面則低於平均），每個人在某些方面很有幹勁（某些方面則很**沒勁**），每個人有某些身體部位大於平均（某些部位小於平均），每個人天生擅長某些事情（也不擅長某些事情）。把它們找出來，就是在擴展你的面向。

這種本質也有助於我們理解為什麼人人都有才能：不只個人有鋸齒狀特性，情境亦然。某個面向在這一種情境是弱點，在另一種情境卻變成了優點。幸運的是，隨著個人化時代抬頭，社會提供了前所未有的多元情境，供人發揮所長。我們在書中舉過幾個例子，例如替職業婦女把事務理出條理、籌辦私房晚宴，以及推動助產相關法案等。現在有很多方式可以謀生，例如賣手工手機殼、設計找停車位的應用程式、替貓看診、舉辦佐酒繪畫課，以及替職業籃球隊計算數據等。才能的面向很多，專業之路也迅速變得多元，你絕對能找到很適合自己特質的機會。

如果你對尋找合適機會望之卻步，想到探索各種人生的可能性就感到猶豫，請記得梯度上升法的力量──「把自己最在乎的事情做得更好」的力量。數學告訴我們，這是登上卓越山頂唯一需要做的。

標準化協定宣稱，唯有符合才能等分點的人擁有才能，但這只是誤導，害你不去抓住機會，把潛能發揮到淋漓盡致。

總之，我們說標準化思維對才能的假設為誤，鐵證是：黑馬隨處可見。我們解釋為什麼人人有潛能成就卓越，道理是：鋸齒狀特性。我們也說明了如何把潛能發揮出來：善用鋸齒狀的微動力，採取嘗試錯誤法，找出最適合個人多元強項的策略。

一個思維連貫一致，有證據支持；另一個思維自相矛盾，被證據推翻。勝負已分。當初的「黑暗時代」可不是亂叫的。

黑馬思維的真正價值：讓我們能夠打造更好的系統

個人自由和平等原則堪稱民主社會的基石，任何有此認知的人都該自問：**我們怎麼離自己的根源這麼遠？為什麼我們在美國採用跟蘇聯一樣的系統，還用得心安理**

得？這麼違背民主的社會協定怎麼歷久不衰？

這裡沒有魔鬼，沒有惡棍藏在幕簾後面，罪魁禍首並不特別。在蘇聯，標準化協定是由極權政府強行施加於人民身上；在西方，我們則是自己施加在自己身上。

我們選擇擁護一個要求我們契合樣板並爬上階梯的系統，選擇認為只有少數人才值得享有社會裡最好的機會，選擇以簡單的數字衡量成功：你爬了多高？你書讀了多久？你分數是多少？

幸好很多黑馬打破了這套成功模式，給了我們希望。黑馬思維真正的價值不是嘲弄舊系統是多麼糟糕與不公，而是讓我們有辦法打造更好的系統。

我們得做的——**你**得做的——就是做出選擇。

第七章

黑馬協定

頂層收入的暴增或許能解釋爲「功績極端主義」的一種形式。其意爲，現代社會（尤其美國社會）顯然有需要把某些人稱爲「贏家」，若這些贏家是靠自身功績而非出身背景，便慷慨給予金錢回報。

——托瑪・皮凱提（Thomas Piketty，法國經濟學家）

功績制度：人才選擇的限額系統

我們通常把人才選擇的限額系統稱爲功績制度（meritocracy）。這字眼很響亮，意指體制是依其功績給予機會，認眞努力與具有才能的人便能夠爬上頂端。現在你知道並非如此。你也許認眞努力，但不符體制的模子，再努力也是徒勞無功。且由於人才限額的關係，很多人空有才能卻困在底層。

如果我們用的字眼是「才能特權制度」（talent aristocracy）而非功績制度，也許會更有警覺。諷刺的是，當初發明「功績制度」這個詞的人正有此用意。一九五八年，英國社會學家楊格（Michael Young）寫下《功績制度的興起》（*The Rise of the Meritocracy*）。當時英國流行以考試選擇人才的標準化系統，但楊格並不認同，於是借用「貴族制度」（aristocracy）這個用語，發明了「功績制度」一詞，予以嘲弄和批評。他寫道：「在這個現代社會，憑靠出身的貴族悄悄轉變爲憑藉才能的貴族。」

然而這個標籤偏偏被他想譴責的對象給翻轉了。學界、商界和官員開始沾沾自喜地宣揚這個詞，以「功績制度」稱呼他們正在打造的制度。這種曲解很順理成章，雖然楊格想以「功績制度」（merit-**ocracy**）暗示「貴族制度」（arist-**ocracy**），但多普林斯頓，享有美國社會裡大部分的機會。我們其他人只能撿剩下的。的確，限額制度確保社會有一定人數的耀眼明星——但不會是你。

麥考蜜珂是中輟生，在速食連鎖店領取微薄工資；卡蘿茲讀普普通通的大學，進醫院做低薪工作；蘿潔絲是中輟生，進了生醫工廠的生產線。但限額制度跟我們說，我們不必關心麥考蜜珂、卡蘿茲和蘿潔絲的困境，她們就是技不如人，活該淪落。要是她們有點眞功夫的話，自該爬上頂端。

如果得到最好機會的人，在客觀上實力了得，我們大概能容忍這個負和遊戲。但只要大學是以等分點在衡量才能，那麼就不僅欠缺客觀標準，而且必然會面臨腐化。

特權：功績制度的腐化

在美國，功績制度的腐化從「校友子女優待」這點清楚可見。所有美國頂尖名校都以家世背景錄取許多學生。以多所常春藤盟校爲例，一般申請者的錄取率是十一%到十七%，校友子女的錄取率卻是三十%到四十%。哈佛大學校友子女的錄取率甚至是其他申請者的六倍。

這不是「功績」制度，這是「特權」制度。

然而腐化之處不只如此。各家大學對才能抱持著相似的判準，所以持續爭搶學生「人才」，主要方法是靠亮眼設備，興建體育館、餐廳、具旅館櫃檯服務的宿舍，還有其他種種硬體設施。這都不是爲了作育英才，而是爲了吸引學生。提升設備所費不貲，所以大學成天四處找錢。

其中一個增加收入的方法，是錄取願意付出更高學費的學生，而非更有才能的學生。近年來，各大學喜歡收別州的學生，原因就在於他們比本州的學生更肯付錢。一項二〇一六年針對加州大學系統的審計報告指出，加州大學各分校「刻意錄取數千名更肯付錢的他州或外國學生，而非錄取加州本地學生」。許多州立大學陷入無止盡的搶錢行動，置本應服務的當地於不顧。

在限額制度下，不缺錢的學校無可避免地看重血統，缺錢的學校則唯利是圖。只要大學仍實施武斷的限額制度，採用自我定義的錄取標準，有家產或家世的學生永遠比我們其他人占有優勢。

「才能等分點」眞切應驗了喬治．歐威爾小說《動物農莊》裡的名言：「所有動物一律平等，但有些動物比其他動物更平等。」

表現自己，找到自己喜歡的東西，依個人喜好量身打造。然而個人化眞正的願景遠不只如此。我們能從負和遊戲走向正和遊戲，從原本的太陽繞地球轉，進展爲地球繞太陽轉。

個人化時代來臨，我們能打造一個使機會更加公平的系統。在這個系統裡，你還是必須靠自己掙得成功，但人人都有機會，而不是符合體制偏好的人才有機會。在這個系統裡，你更能實現自我。我們終於首次得以建立名符其實的功績制度。一個民主的功績制度。

我們需要新的協定：民主的功績制度

我們有發展民主功績制度所需要的經濟。美國首次擁抱標準化協定的時候，社會上有很多標準化的技術和管理職務，任何人只要受過標準化教育都能從事相關工作，你還可以期待未來在同一間公司一直待到退休。現在那種時代結束了。經濟由標準化大幅過渡爲多元化，各種職業如雨過春筍般冒出來，五花八門目不暇給，很多小生意的進入門檻很低，甚至毫無門檻，製造業者可以每週——甚至往往每天——調整產品。零工經濟崛起，各種自由工作者出現。長尾經濟抬頭，鎖定全球的一小群利基消費者。我們需要更多元、更彈性和更爲個人化的經濟，民主功績制度的各色人才方有種種機會。

我們有發展民主功績制度所需要的科技。一個多世紀以前，標準化之父泰勒說，標準化實屬必要，原因是人力比機器更便宜，也更容易重作調整。然而一個世紀過去了，機器變得比人力更便宜，也更容易重作調整。舉凡智慧型手機、智慧型手錶、智慧型家電、社群媒體應用程式和 Siri 等數位助理，已經成爲我們日常生活的一部分。一個世紀以前，巨型企業無疑是標準化的翹楚。如今，巨型企業愈來愈著重個人化。連施貴寶這家當年的標準化製藥先驅也做出了轉變，加入個人化醫療聯盟，正式揚棄「一體適用」的醫療。最重要的是，我們現在有了無遠弗屆的網路——終極的個人化科技。我們需要健全、低廉與普及的個人化科技，提供民主功績制度所需要的個人化學習與選擇。

我們有發展民主功績制度所需要的科學。個體性科學崛起，提供理解、衡量和培育個人特質的新方法，運用二十一世紀的動態系統學，而非十九世紀的統計學。許多個人化領域蓬勃興盛，例如個人化醫學、個人化營養學、個人化基因組學，個人化訓練、個人化學習和個人化製造，各自運用個體化科學的原理，堪稱日新月異。許多學者投入研究計畫，創立研究機構，熱切探討如何增進個人的力量。我們需要健全的個體化科學，不斷提升民主功績制度固有的彈性。

我們可謂萬事俱備，能擺脫過時的限額制度，迎向眞正的民主功績制度。現在只欠東風——一樣我們每個人需要主動**選擇**而非被動接受的東西。

我們需要新的協定。

每個人都有機會成功

社會契約必然關乎一個社會對功績和機會系統的感覺。展望近代歷史，首先可以說是貴族協定，背後認知是**只有特殊血統的貴族才有功績**，以**傳統**爲核心價值，採取「**不是任何人，也不是每個人**」都能成功的機會系統。這系統是由貴族強制推行，並未徵得任何人的同意。

再來是標準化協定，背後認知是**只有特殊的個人有功績**，以**效率**爲核心價值，採取「**任何人，但不是每個人**」都能成功的機會系統。限額制度由體制強制推行，由個人予以同意。

現在我們有機會採取黑馬協定，背後認知是**人人都有潛能得到自己想要的功績**，以**自我實現**爲核心價值，採取「**任何人和每個人**」都能成功的機會系統。民主的功績制度會由個人推行，由個人予以同意。

你要為自己負責

我們也許以爲社會契約應該是冗長的法律文件，有許多條款和規定。然而社會契約的效力不是來自白紙黑字，而是來自我們共同遵守的事情，從而建構體制和個人之間的關係。社會契約的核心是界定我們該如何對待彼此。

現在回想標準化協定的條款：

唯有當你放棄追尋自我實現，轉爲追尋標準化的卓越，社會才該給你機會。

爲了讓自己和孩子享有民主的功績制度，我們每個人都必須簽下新的社會契約：

社會該給你追尋自我實現的機會，你要爲自己的自我實現負責。

在黑馬協定下，體制的最大責任是提供「**平等的適性**」（Equal Fit），個人的最大責任是**爲自己負責**。這兩個責任結合在一起，就能帶來民主的功績制度。

重新定義「平等」

當標準化時代抬頭，自由世界開始強調「**平等的機會**」這個核心概念。原則上，一個人無論出身、性別或信念爲何，在社會上都該享有平等的機會。實際上，這主要只是彌補限額制度無可避免地走向腐化的一個說詞。

如同先前所說，限額的窄門常是開給有家產或家世者。此外，性別、種族和其他系統性歧視也深具影響，畢竟主考官有「才能等分點」的利器，由他們說了算。因此，綜觀標準化時代，只有一小群相似的群體得以進入窄門。爲了對抗這個現象，「平等的機會」想讓所有人不受其出身背景影響，人人都有擠進配額的相同希望。「平等的機會」想確保通過窄門的學生組成，與整體的人口組成並無二致。簡言之，「平等的機會」總是可以定義爲「平等的錄取」。

「平等的錄取」無疑是高貴的情操，必要的目標。然而，即使有「平等的錄取」，限額制度根本上的不平等依然分毫未改。首先，菁英仍保有頂端留給他們的座位，各大學也並未減少其保留給有錢與有權者的名額。「平等的錄取」只減少了我們其他人的名額。

更重要的是，「平等的錄取」並未改變本質上的負和遊戲。限額是固定的，如果錄取某個人，許多其他同樣認眞和出色的申請者就會被刷掉，就算錄取的那個人再卑微、再劣勢，依然如此。如果你認爲拉丁裔學生的錄取率少於其實際人口占比，「平等的錄取」將有助於增加他們的錄取人數，但如此一來，給非裔、亞裔和印地安裔的名額便會隨之減少——給其他同樣出色的拉丁裔學生的名額也會變少。

「平等的錄取」沒有增加機會，這就好像在人數比椅子數多五十倍的大風吹遊戲裡，僅保留少數幾張椅子。這的確有助於減少對種族、性別和社經地位的差別待遇，卻是螳臂擋車，多數人還是在爭刻意限縮的機會，系統仍維持其固有的不公，改善微乎其微。飢餓遊戲的玩家是變了，但結果不變。贏家人數也保持不變，穩如泰山。

在限額制度下，「平等的錄取」是我們所能期盼的最好辦法，實屬必要。但這並不會掩蓋一個事實——「平等的錄取」是以標準化解法在解決標準化問題，以一個等分點來修正另一個等分點。這做法的終極目標和成就，只是協助確保「任何人」都有機會成就卓越和實現自我，但並非「每個人」都有機會成就卓越和實現自我。

讓個人化觸及每個人，看起來很困難，彷彿是打造民主功績制度的最大障礙。以前確實是那個樣子，但現在不是了。以可汗學院爲例，創辦人可汗（Salman Amin Khan）不是教育家或工程師，而是財務分析師，卻在短短十年內打造出這個非營利的個人化學習網站，已經提供線上課程給六千萬名學生和二百萬名老師，播放次數達到十億次之多。你可以自己決定進度，自己決定課程——而且完全免費。

實行「平等的適性」的眞正難處，不是讓個人化觸及每個人，那就跟Netflix思索如何把電影推薦給所有用戶差不多難度。

實行「平等的適性」的眞正難處在於：確保個人的選擇。

你真的有得選擇嗎？

對於自我實現來說，選擇是必不可少的。你需要眞正的選擇，才能找出各個適合微動力的不同機會，加以比較，進行挑選。你需要眞正的選擇，才能自由探索各個也許契合個人強項的策略。選擇是梯度上升法的導航系統。

只要問一個很簡單的問題，就能衡量某個系統或服務是否提供「平等的適性」：

是否提供個人化服務，但也讓你個人做選擇？

選擇若沒有個人化，那無非只是挑揀。這就是我們現在有的。機構與組織好像提供你一份菜單，強迫你從他們的選項裡做出選擇。唯有當機構與組織提供你足夠的彈性，得以順應個人的特質，才算是提供了具有意義的選擇。個人化科技很必要，卻還不足以達到這一點。

機構與組織若要提供眞正的選擇，一定得願意放棄一部分的掌控。這樣做的好處很多，例如企業能提升員工參與度、生產力和成長動能。只是體制的領導方式必須做出重大的改變，我們也必須盡力鼓勵這個改變，否則到最後我們將會面臨遠比限額更糟的制度。

雖然個人化時代帶來前所未見的願景，卻也有無比的危險。有一種情況遠比「沒有個人化的選擇」更爲壓迫，那就是「沒有選擇的個人化」。

如果系統能鎖定你個人，卻沒有提供眞正的選擇，無異於對你擁有無限的掌控。這不是危言聳聽。網路本該有促進民主的無比潛能，但愈來愈多國家的極權政府卻反其道而行，把網路變成前所未有的集權利器，用來監控、操弄以及壓迫人民。別的不說，如果我們不做點什麼，連西方世界也正朝這方向傾斜。

大型企業已經擁有你的大量個資，以針對你的個人化廣告推銷商品給你，個人化的搜尋結果決定你上哪些網站，個人化的新聞播送影響你的想法和投票意向。政府、企業——以及他們日益聰明的人工智慧系統——替你做出愈來愈多重要的選擇，而你既不知道，也沒同意。

這些機構與組織確實想提供給你更多個人化服務，但這卻是基於他們的利益和好處。更準確地說，他們想給你個人化服務，卻不給你選擇的力量。

我們虧欠著彼此：每個人都有責任

爲什麼機構與組織要給你選擇的力量？原因是，提供「平等的適性」的機構與組織，能夠在個人化時代繁榮興盛。這不只是基於理論的空談。此時此刻，你確實有可能在民主的功績制度下過一輩子，只跟提供「平等的適性」的機構與組織往來。

頂峰公立學校（Summit Public School）就是一個例子。頂峰公立學校包含了十一所加州和華盛頓州的公立特許學校，招收六年級到十二年級的學生，採用一套名爲「頂峰學習」的個人化學習和教學方式。這些學校大受歡迎，畢業生表現亮眼，可見他們有確實實現其宗旨：「幫助每位學生活出自我實現的人生。」

頂峰公立學校主要以三大措施協助每個學生打造自己的熱情、目標和成就：首先，每位學生都有一個導師，每週一對一碰面，協助他們了解自己的特質，並好好發揮。其次，在課堂上，學生應用他們所學的知識、技能和習慣，期望了解如何面對畢業後的各種挑戰。最後，學校提供一套學習方法，指導學生設定可行的目標，訂立有效的計畫，展現各自的能力，和檢討他們自身及其步驟。

在標準化協定下，我們以爲不是追求功成名就，就是追求自我實現，魚與熊掌不可兼得。出於這個想法，多數人對頂峰公立學校的第一個疑問是：聽起來確實不賴，**可是學生畢業後進得了大學嗎？**在黑馬協定下，進大學當然跟實現自我或成就卓越無法畫上等號，但我們還是回答這個問題：是的，頂峰公立學校九十九%的畢業生進入四年制大學，全國平均則是六十六%。更令人驚豔的是，他們大學畢業的比例是全國平均的兩倍。事實上，從所有衡量學術表現的標準化指標來看，頂峰公立學校的學生幾乎是長年位居頂尖。

頂峰公立學校著重小而緊密的學習環境，校舍空間限制了學生人數。可以想見，許多家長對頂峰公立學校趨之若鶩，申請就讀人數遠多於實際錄取人數。爲了解決限額的問題，頂峰公立學校採用抽籤決定要錄取誰。錄取與否並不會反映學業表現或財務需要：任何想在頂峰公立學校適性發展的學生都享有平等的機會。

爲什麼你需要關注這十一間美國西北部的學校？因爲無論你住在美國的哪個地方，頂峰公立學校都能提供眞正的選擇給你自己的孩子。眞正最有潛力的，乃是他們的頂峰學習課程，提供了一套學習平臺、專職的學習導師，以及面對面的隨選學習諮詢服務。起初，頂峰公立學校只是想要跟來訪的其他教育工作者分享教學知識、工具和做法，現在這計畫卻擴及全國，協助各校將頂峰公立學校這一套方式，提供給當地學生——**而且完全免費**。頂峰公立學校設法藉此突破了限額的限制，並將個人化教育提供給每個人。

如今，全美已經有超過三百三十間學校參與頂峰學習課程計畫。重點是，頂峰公立學校明白「平等的適性」有賴於各校盡量保有彈性，盡量因地制宜，因此鼓勵各校按當地需求與觀念自行調整。你可以現在就去你孩子的學校，請校方和頂峰公立學校合作，你的孩子將會初次體會民主功績制度的好。

現在我們把目光從中學移到大學。當黑馬協定要求學校提供「平等的適性」給學生，大學的損失會是最大的。超過一個世紀以來，各大學靠死守標準化和限額，幾乎獨占了社會裡的所有機會，自己占據了選擇的力量。不過我們終於看到有遠見的學校開始投入個人化，例如南新罕布夏大學、亞利桑那州立大學和西部州長大學。

以南新罕布夏大學爲例。該校創立於一九三二年，當初是一間標準化的會計和祕書學校，但在二〇〇八年推出美國學院（College for America），搖身一變，成爲個人化學習的先驅。美國學院是全美第一個獲教育部核准，廢除分數和學分，完全依學生能力衡量其學習狀況的大學學程。美國學院的每位學生都有一位私人導師，協助他們依自身特質做出最好的學習選擇，決定依什麼順序發展哪些能力，並善用這種靈活自由的學習方法。美國學院沒有授課教師，只有學術教練和評量員評估學生是否妥善了解教材內容。學生能自行掌控學習步調，不受標準化時間所囿。

如果你想要進入美國學院就讀，不必擠過限額的窄門，也不必配合體制的模子，想讀就能讀。二〇一七年，全美私立大學四年的學費平均約需要十萬五千美元。那麼從美國學院拿到大學文憑需要繳多少學費呢？答案是：一萬美元。對於學習進度更快的學生，學費甚至可以壓到僅五千美元。許多學生靠雇主補助學費，開支甚至更低。大多數美國學院的畢業生，身上完全沒有背負學貸。二〇一七年，美國學院擁有七千名學生，而依據南新罕布夏大學校長勒布朗的預估，到了二〇二一年，學生人數會增至二萬人。

美國學院很重視學生畢業後能夠學以致用，因此和一百多個企業和組織合作，包括醫院、旅館、保險公司、餐飲公司、服裝公司、媒體公司和非營利組織等。美國學院尤其重視平時受標準化大學忽視的族群，例如軍人、全職員工、在家的媽媽，還有年紀較大的學生。

「很多人對美國學院的關注集中在他們的低學費和高品質。」勒布朗說：「不過我們發現，讓學生以自己的狀況決定如何學習，效果是很驚人的。美國學院的教育很有彈性，契合學生的個人需求，這是一體適用型教育做不到的。最棒的是他們表現亮眼。他們讀康德、鑽研高深的數學、擅長寫作，也擅長思考。我們愈是檢視成效，愈相信這象徵了教育思維的典範轉移。」

現在我們從大學跳到職場。在民主的功績制度下，你可以掌控曲折的路徑，也就可以掌控職涯之路，追求自己眼中的卓越。但你對這種自由也許會有疑慮：**如果我走自己的路，最後會不會走成一條孤獨的職業之路？到頭來只有我從事那個職業？**

在個人化和標準化之間做選擇，似乎像是在專業社群（無論多不好）和孤獨一人之間做選擇。但事實卻是恰恰相反：民主功績制度讓社會迎向各形各色的卓越，有相同職業興趣的個人更能找到彼此，自發組成更有熱忱的職業團體。侍酒大師公會正是一例，專業整理師協會則是另一個例子。

當初貝拉珂離開政治圈，把整理當成專業，正是加入了專業整理師協會。專業整理師協會有意思的地方在於，你想當專業整理師就當，不必爬什麼體制裡的階梯，不必取得大學文憑，不必擠過限額和等分點的窄門，而是能走在自己曲折的道路上來成就卓越。專業整理師協會的會員通常是走了好長一段路，才赫然發現竟然有志同道合的人，跟自己抱持相同的熱忱，想幫助別人和整理東西。

一九八三年，有五位女性開始在南加州的自家客廳聚會。她們在當地報紙上看到一則小小的分類廣告：「如果您喜歡整理東西，請致電給我。」於是打了過去，與刊登這則廣告的雪崔姬聯絡。這可以說就是專業整理師協會的起源。這些女性之中，有幾位靠著清潔或整理客戶的住家或辦公室賺錢，另外幾位則是會單純替親朋好友整理東西。其中一位名叫卡普（Stephanie Culp）的女性，以「竊笑笨蛋」這個名號替好萊塢的客戶跑腿辦事，她某天踏進一位客戶的家，看見亂七八糟的箱子和雜物，發覺她能靠著替人整理雜物維生。

她們五個當初只是聚一聚，聊一聊，分享整理的技巧。但卡普認為她們可以做點更大的事：「我覺得我們需要把這變成一個受人尊重的專業。當時客戶不把我們當一回事，只把我們看成女傭，所以我才想出『專業整理師』這個稱呼。」

在卡普所提的方向下，大家組成了一個非營利組織。卡普說：「我想成立非營利組織，而不是營利組織，因為我非常相信女性之間的攜手扶持。其他職業有書、課程和科系，但我們有的就是彼此。我把這看成一個互助合作的人際網絡。」

一九八六年，她們的組織在紐約成立了分會，並決定把組織名稱改為專業整理師協會。卡普坦言，一開始進展緩慢：「當年女性還是沒有多少平等的機會。聯絡主要是以電話進行。我們很難向大眾解釋我們在做什麼。」然而個人化時代抬頭，新科技、新經濟以及新的社會價值觀出現，事情開始改變。「二〇〇〇年是個分水嶺。網路讓大家更容易彼此聯繫，真正成立一個全國性的組織。女性的權利也提升，在社會裡大步往前邁進。後來的發展堪稱突飛猛進。」

如今，專業整理師協會擴及美國四十九個州和全球二十六個國家，總計超過四千個會員。協會幹部積極投入，幹勁十足，懷抱大志。一群黑馬群策群力，就是這種成果。在民主的功績制度下，專業整理師協會這類職業組織，會愈來愈常見，各組織充滿活力和彈性，由抱持相同微動力的成員自發性地組成。

在此需要澄清：我們並不是用這三個例子建構一個新的機會體系。我們也不是在說頂峰公立學校、南新罕布夏大學和專業整理師協會將帶來民主的功績制度，解決所有相關問題。我們之所以提出這三個例子，並不是作為讓大家仿效的理想模範，而是佐證我們的概念。他們是先鋒，如同黑馬，在荒野裡英勇照亮自己的路。但是建構「平等的適性」，絕對不會只有「一套最佳方法」。所有的機構與組織，都需要想出自己提供個人化服務和個人選擇的方式。不過頂峰公立學校、南新罕布夏大學和專業整理師協會的例子顯示了，當你以個人化服務和個人選擇解放了大家，並不會帶來混亂的結果。

你是實現了自我**以及**專業的卓越。

如果我們想實現這些先鋒照亮的世界，必須要改變的就不只是機構與組織。我們互相虧欠著彼此。在黑馬協定下，我們每個人都有責任打造民主的功績制度，責任不比機構與組織來得小。

選擇的自由愈大，個人的責任就愈大

自我實現不是別人能給你的，只能自己掙得。正因如此，個人在黑馬協定下的最大責任是**爲自己負責**。但黑馬協定不僅以嶄新眼光看待「平等的機會」，也以嶄新眼光看待「個人的責任」。

在過去，我們跟著社會對責任抱持虛僞的態度。我們說你需要有選擇，卻剝奪你選擇的自由；我們說你要受教育才能找好工作，卻強加限額制度；我們說人人有機會爬上階梯，卻強加「才能等分點」。

這是僞裝成選擇的被動挑揀，有時連挑揀都不算。有意義的選擇，時常只留給有錢與有權者，例子不勝枚舉。我們打造了腐化的系統，嚴格限制贏家人數，再跟輸家說都是他們自己不爭氣。

民主功績制度實行「平等的適性」，事情會變得不同。你不再是機器裡的齒輪，不再是選美大賽的參賽者。當你有眞正的機會，就對人生有了眞正的掌控。不過權力愈大，責任愈大。你從「清楚你的選擇」得到力量，就要爲追求自我實現時做的決定完全負責。

在黑馬協定下，很簡單：選擇的自由愈大，個人的責任就愈大。你有責任「知道你的微動力」，有責任「清楚你的選擇」，有責任「了解你的策略」。當你對這些全部負起責任，就是對你的自我實現負起責任。

因此，唯有當你願意把「對自我實現的追求」當成你欠社會的責任，民主的功績制度才能妥善運作，這也讓你從個人層面要求機構與組織提供「平等的適性」。除非我們選擇支持頂峰公立學校和美國學院的民主功績制度，而非追求標準化卓越並放棄選擇權，頂峰公立學校和美國學院這種機構才會茁壯並進步。

自我實現也是公民的責任

黑馬協定的核心只是在宣示：自我實現既是個人的責任，也是公民的責任。這樣直接道出顯得有些虛幻與狂想，甚至會讓有些人覺得很「不美國」。在社會似乎走向分裂之際，黑馬協定很容易被誤解為把個人權利當作基本價值。

自我實現很不像能當作社會契約的穩固基石。陷於標準化思維的人也許會嗤之以鼻：「所以你是說我**有責任**把精力集中在對我最重要的事情上？我的**公民責任**是追求

結語

對幸福的追求

當別人從我這裡得到想法，他有了指引，而我沒有損失；就像別人跟我借火點蠟燭，他有了光明，而我沒有變暗。

——湯瑪斯．傑佛遜

追求幸福是個人不可剝奪的權利

綜觀西方政治史，影響最深遠的一句話無疑是《獨立宣言》開頭那句：「我們認爲下面這些眞理是不言而喻的：人人生而平等，與生俱來若干不可剝奪的權利，包括生命權、自由權，以及追求幸福的權利。」這段神聖句子中最有名的，就屬那三個不可剝奪的權利。有意思的是，其中一個權利聽起來跟另外兩個不太一樣。這權利很容易忘記，但當年美國開國元勳建立這個全球現存最古老的民主政體，坐下來寫出人人具備的最重要權利時，卻把這個有點奇怪的「追求幸福」跟「生命」和「自由」並列，賦予其至高的地位。

兩百五十年後，生命和自由仍穩居公衆的焦點。我們仍在激烈辯論生命權和求死權。每逢選舉季，美國政治人物不分陣營都同聲譴責對自由的侵害，認爲這種發言對爭取選票絕對有幫助。然而，對幸福的追求卻絕少出現在公衆討論中。偶爾會有人思索這幾個字當初爲什麼會被寫進《獨立宣言》，但通常認爲那只是一種詞藻，想打動當年渴望自由的人心。的確，當「追求幸福」這幾個字流傳到了國外，英國人紛紛嘲弄和訕笑。就在《獨立宣言》面世的一個月後，「某個英國人」寫了以下文字，刊登在愛丁堡的雜誌裡：

他們下一個不證自明的眞理，造反叛亂的根據，就是他們具有追求幸福的不可剝奪權利。追求幸福竟然是不可剝奪的權利！……誰曾聽過哪個人追求幸福的權利被剝奪了？這幾個字想表達什麼意思，我個人委實難以理解。別人可以剝奪我的馬或牛，我也可以剝奪走自己的馬或羊，反正是我自己的東西嘛。可我原本就沒有的東西要怎麼剝奪呢？這就交給某個尚未出生的伊底帕斯來解答吧。

其實，這幾個謎樣的字詞對美國開國元勳別具深遠意義，反映出這群美國最偉大的思想家，在歷史的那個時間點正思索著一個問題：美國由自由的人所組成，大家懷抱著共同的信念，相信理性、哲學和公共辯論更能替政府找出有效的解決方案，勝過傳統、宗教或殺戮。這種社會最理想的組織形式是什麼？當時最深切投入論理、哲思和公共辯論的人，非《獨立宣言》的撰寫人傑佛遜莫屬。

傑佛遜自認撰寫《獨立宣言》是他一生最大的成就。他的墓誌銘由自己親手所寫，把撰寫《獨立宣言》列為首要成就，「最希望世人為此記得我」。至於他認為一個奠基於普遍自我實現的社會該是什麼模樣，《獨立宣言》中那句「追求幸福」最爲清楚地表達了他的想法。

在理想的社會裡，自我實現很重要

傑佛遜爲《獨立宣言》寫的每一份底稿都有「追求幸福」這四個字，包括他寫給朋友和後代的最中意版本裡都有。《獨立宣言》還有其他聲名顯赫的撰寫人，包括班傑明．富蘭克林和約翰．亞當斯，他們把傑佛遜的「粗略底稿」做了諸多修改，卻絲毫未動「追求幸福」四個字。國會針對《獨立宣言》的文句有過激烈辯論，最終決定刪掉大約四分之一的內容，但沒有紀錄指出，有任何人曾經想過要刪除或修改這四個字。這四個字的列入不是意外，不是妥協，而是傑佛遜這位史上頂尖政治思想家的明確宣言。當他撰寫這份自認能照亮全人類的宣言時，這是他認爲該納入的字句。

二百四十二年之後，視「追求幸福」爲基本人權仍是美國人專屬的概念。現在我們來看一看其他民主國家的開國文件列出了哪些核心權利。加拿大提到「生命、自由和安全」（還認同「和平、秩序和良好政府」），德國提到「團結、正義和自由」，法國提倡「自由、平等和博愛」。這些確實都是很重要的原則，分別都是公民社會裡的基本權利，但是這些原則主要是**集體**的概念，這些國家的社會契約裡缺少了**個人**的概念。

政府能替整體社會保障生命和自由，不必考量個人差異。比方說，政府能宣布死刑違法，因此政府不能剝奪任何人的生命，無論你具體犯下了什麼罪行都不例外。相較之下，對幸福的追求則因人而異。所以如果想要保障**追求**幸福的權利，就需要討論追求幸福的個人。

把生命和自由列進《獨立宣言》並不新奇，這兩個價值早在一二一五年《大憲章》頒布時即受到大眾的擁護。美國有別於世上其他國家的地方在於，開國元勳竟然相信：在理想的社會裡，個人很重要。

在理想的社會裡，**自我實現**很重要。

幸福：自我實現的代名詞

傑佛遜和其他開國元勳的政治理念主要受蘇格蘭啓蒙運動所影響，而蘇格蘭啓蒙運動非常關注自我實現。

如今我們想到蘇格蘭，就想到風笛、《梅爾吉勃遜之英雄本色》和史恩·康納萊的口音，但那個嚴寒之地也無疑是啟蒙思想之鄉，很多人眼中的第一位啟蒙哲學家正是蘇格蘭的法蘭西斯·哈奇森。傑佛遜非常早就接觸到蘇格蘭的思想，影響他最大的老師有三位，其中有兩位就是蘇格蘭人：道格拉斯（William Douglas）和斯摩爾（William Small），後者在傑佛遜眼中「如同父親，我深深感謝大學期間他對我在求知路上的啟發與指引」。

在傑佛遜建立思想體系的那些年，還有他撰寫《獨立宣言》的時候，他的藏書室擺了很多蘇格蘭哲學家的著作，他常常抄寫和加註。而這些著作花了更多篇幅在思索「幸福」，而比較少談生命、自由或財產。

「幸福」（happiness）這個英文單字在啟蒙時代有不同的意思。「happy」是名詞「hap」的形容詞，而「hap」是指事件或情況，衍生出很多相關的單字：mishap（負面事件）、hapless（沒有好事），以及haphazard（雜亂的）和happenstance（機率事件）。

因此，「happy」的原意是指契合某個特定事件。例如「happy thought」表示完全適合當下對話，「happy garment」表示適合某個社交情況。蘇格蘭啓蒙時代的哲學家休謨在談到「happy theory」時，是用來表示該詞一直能夠與時俱進，休謨還曾經寫下一句與黑馬有關的格言：「處境合乎心性的人很幸福。」

「happiness」的原意很中性，是指「適合某人情況的狀態」，但到了傑佛遜的時代，則成爲「goodhap」的同義字，意思是「適合某人情況的**有利狀態**」。就跟「lucky」的意思從「隨機的運氣」變成「有利的運氣」、「fortunate」的意思從「隨機的命運」變成「有利的命運」一樣。

美國最早提到「happiness」的政治文書是《維吉尼亞權利法案》，這份文書就在傑佛遜撰寫《獨立宣言》的幾個月前，由他的朋友梅森（George Mason）所起草。梅森寫道：「所有人生而享有同等的自由和獨立，有與生俱來的特定權利……（包括）**追求並獲得幸福**。」（粗體爲本書所加）歷史學家華倫（Jack Warren）分析梅森使用該字的原因，認爲該字「在當時不若現在這般模糊。雖然十八世紀的思想家認爲幸福該當歡愉，但幸福不是歡愉。對於梅森這種思想家，當一個人的處境契合其個性、天賦和能力，即得到了幸福」。

換言之，對美國諸位開國元勳來說，幸福就是黑馬對自我實現的定義的代名詞。

個人的權利必須被保障

傑佛遜可以許諾平等的自我實現，但他卻沒有這麼做。他所許諾的平等是對自我實現的**追求**。這是很審慎的選擇，源自一系列啓蒙思想的論證。

啓蒙時代的思想家推崇科學。傑佛遜心目中的一大英雄是牛頓，牛頓提出主掌大自然運作的堅實科學法則。在傑佛遜和其他開國元勳看來，追求幸福如同人類天性的科學法則，近似牛頓的萬有引力定律。

英國哲學家洛克寫下對「追求幸福」的敏銳分析，強調人類生來會「堅定」地追求幸福：「全能的神自己亦需要幸福。」傑佛遜所研究的哈奇森寫道：「人必決然追求幸福。」傑佛遜所欽佩的小說家勞倫斯・斯特恩寫道：「幸福是人類的重要追求，天性裡最強烈的首要欲望。」西北大學歷史榮譽教授威爾斯（Garry Wills）花了一部分學術生涯，研究傑佛遜提及「追求幸福」時的意涵，並總結這些思想家對傑佛遜的影響：「因此傑佛遜說人對幸福的『追尋』不只是模糊的渴望——而是天性裡不變的需求，如同磁針始終指向北方。這是人類遵循的法則。」

根據啓蒙思想，人類天性的法則必然是道德法則，也就是**權利**。換言之，既然人人天生追求幸福——追求最適合他們的情境——這個追求就是根本上的個人自由，必須要保障。威爾斯說：「他們發現一樣必須追求的東西，就知道自己有權利去追求。」

這個啓蒙思想論證的最後一步是，如果一樣東西是道德法則，是個人的權利，則這個權利必須由政府保障，必須變成**政治**原則。美國開國元勳威爾遜（**James Wilson**）在簽署《獨立宣言》的八年後寫道：「社會的幸福乃是所有政府的第一法則。」哈奇森在他啓蒙時代早期影響深遠的著作《道德哲學系統》（*A System of Moral Philosophy*）裡寫道：「全體的幸福是所有政治聯盟的至上目標。」

因此，傑佛遜經過科學法則、道德法則和政治原則等一系列邏輯推演，相信對自我實現的追求是一種個人權利，任何公平的社會契約都應當要予以保障。

美國多數開國元勳都完全同意，獨立的美國政府必須要保障並促進人民的自我實現。他們很可能相信簽署《獨立宣言》是在確認這一點。

然而傑佛遜私底下另有用意。

傑佛遜以天馬行空的思考著稱，他一心想讓世界變得更好，常提出遠超出時代的願景。對幸福的追求就是其中之一。根據史料，他認爲「追求幸福」不僅僅是個人追求自我實現的權利，還是能讓每個人實現自我的**解方**。

追求自我實現既是權利，也是責任

雖然傑佛遜的啓蒙時代偶像們不會用這種現代用語，但相信他們大多會認爲「個人追求自我實現」和「社會所有成員集體的自我實現」之間，存在著正回饋。根據這種看法，個人對自我實現的追求必然有益於鄰居，鄰居的自我實現也會增進個人的自我實現。

蘇格蘭哲學家凱姆斯勳爵（Henry Home, Lord Kames），教授過休謨和亞當·史密斯，也許是初步提出上述概念的第一人，他曾說：「人心裡有另一個善意的原則，使他同樣追求所有人的幸福。」哈奇森把追求個人幸福和集體幸福進而兜在一起：「各方會發現這是追求個人幸福最確定的方法，亦即做對公眾有益之舉……同理，對公眾有益之舉會對每個人都有些好處，因此他們予以同意，互相喜愛。」

弗格森（Adam Ferguson）是傑佛遜另一位研讀的蘇格蘭啓蒙哲學家，他也相信個人的自我實現和社會集體的自我實現之間有相互作用：「同理，個人的幸福實爲公眾社會的重大目標：若個別成員分開觀之並不幸福，整體公眾如何享受任何幸福？社會的利益和成員的利益很容易調和，若個人自認虧欠社會，爲此付出，則可得到天性可享的最大幸福。」

傑佛遜吸收這些啓蒙思想，認爲個人對自我實現的追求不只是權利，也是責任——這責任是增加社會整體自我實現的重要機制。二〇一六年，深諳慈善策略的思想領袖柯萊爾（Charles Collier）推出《來自家庭的財富》（*Wealth in Families*）一書，鼓勵有意投身慈善的人留意傑佛遜的結論：「根據傑佛遜，『追求幸福』既關乎認識自己的內在旅程，亦關乎服務他人的外在旅程。」

由此觀之，傑佛遜在《獨立宣言》裡最知名、最費解的這幾個字，簡潔道出了黑馬協定：「平等的適性」（你追求自我實現的權利）加上「個人的責任」（你追求自我實現的責任）。

讓自己過得更好，也讓別人過得更好

傑佛遜是個有瑕疵的人。雖然他相信蓄奴是錯誤的，還多次在家鄉維吉尼亞州設法限制、甚至是廢除蓄奴，但在他的一生之中，他卻是個擁有超過六百名奴隸的奴隸主。傑佛遜有些家中也蓄奴的朋友，包括他的同鄉喬治·華盛頓，在臨終前還會讓家中的奴隸獲得自由，但傑佛遜自己卻沒有這麼做。史料寫得清清楚楚，他公開提倡諸多原則，私底下卻沒有遵守，說一套、做一套。傑佛遜跟我們每個人一樣，得為自己的罪過負責。

但我們可以把他的言和行分開，也必須如此。我們可以譴責發明家，卻稱讚其發明。牛頓自己無論犯下什麼樣的道德錯誤，他的萬有引力定律依然既眞且美。儘管傑佛遜這個人很可議，但他認為自我實現既是權利也是責任，這觀點不容抹煞。如果我們想要打造眞正的民主功績制度，這點可是一大關鍵。

社會要讓所有公民能追求個人的自我實現，也讓所有公民把自我實現當作責任，如此一來，社會就能迎向成就卓越和實現自我的正和遊戲——前提是一個關鍵態度：達成自我實現的人自然感到有責任，去回饋這個支持他們有權追求自我實現的社會。

如同先前所說，啓蒙時代的思想家相信，一個人如果追求自我實現，他也會反過來幫助別人實現自我。兩百多年後，我們發現這個認知很對。在黑馬計畫中，我們一再發現實現自我的專業人士，是眞心想增進別人的幸福與福祉。

有些黑馬是在跟慈善相距甚遠的專業領域成就卓越，卻也很想回饋社會。例如杜珂（Annie Duke）在常春藤盟校攻讀認知語言學的博士學位，學術成就亮眼，卻覺得人生的方向不對。結果她明明再幾個月就能寫完博士論文，卻毅然休學，搬到蒙大拿州，在鄉下賭場充斥煙味和喧鬧聲的隱密房間裡玩牌，得到意料之外的自我實現感。杜珂發現自己對賭博的微動力，於是接下來的七年，她流連於拉斯維加斯和大西洋城等地，磨練虛張聲勢的本事，培養解讀小動作的技巧，最後在德州撲克錦標賽和頂尖高手較勁，並以唯一的女性身分，闖進總決賽，打敗大名鼎鼎的職業撲克選手內格里諾、赫姆斯和艾維等人，奪得二百萬美元獎金。

而雖然她投入了一個要讓對手輸個精光的領域，心腸卻非常好，為人親切正派。二〇一二年，杜珂告別賭牌生涯，全心投入慈善工作，尤其關注早期教育——設法提供「平等的機會」給所有的年輕人。她共同創辦非營利的「我如何決定」（How I Decide）組織，協助弱勢中學生了解如何做決定。她還在很多與教育有關的非營利組織擔任董事。

「我愈了解自己的動力和興趣，就愈有目標。」她說：「現在，我能讓我的慈善工作，往最適合我、而我又最能發揮影響力的方向發展。我學到忽略目的地，歡迎新的選擇，這對我的幫助很大，也是我想讓年輕人了解的：如果你死守筆直的窄路，會錯過更適合你的機會。」

令人感到驚奇的是，有些出身不好，受過千辛萬苦，經歷重重屈辱，最後終於實現了自我的黑馬，如果他們選擇獨善其身，不會有人加以怪罪，但他們卻將為別人奉獻作為生活的重心。例如普萊斯（Thomas Price），他父親是黑人，母親是白人。他母親在生他之前，與一名白人結縭，那人在普萊斯出生時大吃一驚，火冒三丈，因為他一看就知道普萊斯不是他的親生兒子。幾年後，普萊斯的母親自殺，他的「繼父」帶他到阿拉斯加的安克拉治，跟一位女性同居，之後他離開了他們，從此消失無蹤。

當時，普萊斯十四歲，跟一個和他毫無關係的女性住在一起。她不僅完全沒有意思要照顧他，還要他賺錢付房租和餐費。普萊斯找到在漢堡連鎖店的工作，每週工作四十小時，但仍盡力跟上學業。普萊斯賺來的錢全被她拿走。到了十五歲時，他終於受夠了，於是搬了出去，跟一個販毒的年輕人住在拖車裡。普萊斯這輩子從沒受過慈愛與穩定的照顧，此後也不會再有成年的監護人了。

在標準化協定下，普萊斯幾無希望成就卓越，但是他仍然按照自己的想法追求自我實現。普萊斯發現自己很喜歡烹飪，也喜歡廚房裡的夥伴情誼，以及成為店裡的領導者。之後他到世界各地的餐廳工作，待過墨西哥、德州、泰國和印尼，最後落腳西雅圖。在西雅圖，普萊斯發現了侍酒師的民主功績制度。

這太適合他了。

二〇一二年，四十七歲的普萊斯通過侍酒大師考試，被譽為全球最有天分的侍酒師之一。

當初普萊斯被監護人拋下，被迫尋找自己的路，缺乏教育、支持和人情溫暖。如今，他卻強調服務他人，先是擔任以客為尊的侍酒師，後來還擔任侍酒大師公會的教育委員會主席，以及侍酒師教育基金會的會長，幫助有志走上侍酒之路的窮困學生。他說：「可以資助那些懷抱熱情追尋目標的人，真是很棒的感覺。我想到他們拿到獎學金支票時的神情，我就不禁哽咽。年輕時的我在金錢上那麼困窘，現在可以回饋別人，讓我感到相當滿足。」

猶太人有一句諺語：「單一事例不足以作為證明。」有些人會說，不是每個實現自我的人都覺得有責任要幫助他人。你甚至可能說，我們跟黑馬的訪談犯了選擇的偏誤——肯無償接受學者訪談的黑馬，會喜愛幫助他人是理所當然的。這個批評有理。不過這麼多黑馬來自各式各樣的背景，走過天差地別的路程，最後都樂於讓別人過得更好，這卻是難以忽略的例證。

我們能否證明自我實現必然使個人想回饋社會，並不重要。重點是一個非常簡單的問題，而且這個問題只有你能回答：

你想支持提供哪一種機會的系統？是限額制度？還是民主的功績制度？

你想賭其他公民在標準化協定下會回饋他人嗎？你想賭大多數人雖然被限額和等分點擋在窄門外，得不到社會上最好的機會，眼看社會犧牲他們實現自我的機會，眼看社會迎合有錢與有權的少數，卻還願意回饋他人嗎？

還是說，你想賭其他生活在實行「平等的適性」的社會，人人感受到社會支持他們實現自我的公民，願意回饋他人？

我們的機構與組織想維持限額制度，保有標準化協定；但我們每個人都一定要推動黑馬協定。當社會重視「平等的適性」和「個人的責任」，你永遠能憑著意志讓世界變得更好。只有我們每個人都強烈感到有責任互相幫助，民主功績制度才能促成自我實現的正和遊戲，而這種責任必然是由認爲個人很重要的社會契約所支持。

這是傑佛遜對追求幸福的天馬行空願景，他比那個時代走得更前面。

現在，實現這個概念的時候到了。

這個機會源於一個時代的開端。當時，大智大慧的美國開國元勳放下歧見，並肩奮戰，只爲了終極的勝利：建立獨立的國家，有朝一日確保所有人的生命、自由，以及——沒錯，對自我實現的追求。除非你決心把握自己的特質，充分發揮自己，從而成就卓越，這個機會才可能實現。除非你體認到，你追求自我實現的自由，最終取決於你能支持別人走上曲折道路的自由，這個機會才可能實現。

這正是我們向來應該要有的模樣。

且讓我們完成未竟的起點。

Eurasian Publishing Group
圓神出版事業機構
用心與你對話．視野無限寬廣
先覺出版社
Prophet Press

www.booklife.com.tw reader@mail.eurasian.com.tw

商戰系列 192

黑馬思維

哈佛最推崇的人生計畫，教你成就更好的自己

作　　者／陶德．羅斯（Todd Rose）、奧吉．歐格斯（Ogi Ogas）
譯　　者／林力敏
發 行 人／簡志忠
出 版 者／先覺出版股份有限公司
地　　址／台北市南京東路四段50號6樓之1
電　　話／（02）2579-6600．2579-8800．2570-3939
傳　　真／（02）2579-0338．2577-3220．2570-3636
總 編 輯／陳秋月
主　　編／李宛蓁
責任編輯／蔡忠穎
校　　對／李宛蓁．蔡忠穎
美術編輯／林韋伶
行銷企畫／詹怡慧．黃惟儂
印務統籌／劉鳳剛．高榮祥
監　　印／高榮祥
排　　版／陳采淇
經 銷 商／叩應股份有限公司
郵撥帳號／ 18707239
法律顧問／圓神出版事業機構法律顧問　蕭雄淋律師
印　　刷／祥峰印刷廠
2019年5月　初版
2024年4月　14刷

定價 350 元　ISBN 978-986-134-341-9

◎本書如有缺頁、破損、裝訂錯誤，請寄回本公司調換
Printed in Taiwan

面前永遠都不會只有一條路可走，而最適合你的可能是較少人走的那條路。所以大膽地探索新的路徑、試探沒有走過的方向吧，比起走在平均的路徑上，它們更可能通往成功。

——陶德．羅斯，《終結平庸》

國家圖書館出版品預行編目資料

黑馬思維：哈佛最推崇的人生計畫，教你成就更好的自己／陶德．羅斯（Todd Rose），奧吉．歐格斯（Ogi Ogas）著；林力敏 譯.
--初版.--臺北市：先覺，2019.05
288面；14.8×20.8公分.--（商戰系列；192）
譯自：Dark horse: achieving success through the pursuit of fulfillment
ISBN 978-986-134-341-9（平裝）

1. 成功法　2. 自我實現

177.2　　108004243